맛있는 커피와 카페 디저트

저자 엄경자
사진 최주연

따라하기 쉬운 카페 디저트 레시피 대방출

아트오
ArtStudio

머리말

　어느 작가의 표현처럼 '악마처럼 검고, 사탕처럼 달콤하다'는 커피 맛은 인생에 비유된다. '커피 한 잔 하시죠'는 사람과 사람을 연결해주는 촉매로 쓰이고, 카페는 단순히 커피를 파는 가게가 아니라 문화와 쉼을 접목한 복합적인 사회적 공간의 역할을 한다.

　한국에서도 커피 열기는 뜨겁다. 불과 몇 년 전까지 유명 프랜차이즈 카페가 지배적이더니 지금은 '커피 춘추전국시대'다. 로스터리 카페, 스페셜티 카페, 저가 커피 전문점 등 저마다의 멋과 맛으로 꾸민 개성 있는 카페들이 많아졌다. 대중의 커피 취향은 다양해졌고 저변은 확대되었다. 언제부터인지는 알 수 없지만 유년 시절부터 나는 매일 아침 커피를 마셨다. 마치 습관처럼 중독처럼 말이다. 입맛은 변했다. 예전에 그 달달하던 믹스 커피보다 탕약 같은 블랙 아메리카노가 좋아지니 말이다. 요즘은 정성 들여 내려준 드립 커피에 빠졌다. 커피는 저마다 다른 스타일로 즐겨 마신다. 그리고 조금 더 맛있는 커피를 찾아 마시는 소비자가 증가하고 있다.

　커피는 가장 널리 사용되는 무알코올 음료 중 하나이며, 전 세계적으로 증가하고 있다. 원유 다음으로 세계 시장에서 거래되는 두 번째 상품이다.
　한국은 세계 3위의 커피 소비 대국이다. 우리나라는 국민 1인당 년간 367잔 커피 소비량으로 세계 2위로 많이 마신다. 이렇게 커피는 우리의 생활에 밀접하게 연결

되어 있다. 한국의 커피 산업 성장세는 무서울 정도이다. 전문가들은 2023년 한국의 커피 매출을 약 8조 6000억 원 정도로 예상하고 있다. 시장의 규모가 커지는 만큼 커피 관련 시장은 생존 경쟁이 치열하다. 특히 커피 전문점인 카페의 증가는 눈에 띄게 성장하고 있다.

이처럼 카페는 다른 외식업에 비해 상대적으로 진입장벽이 낮아 보이지만, 사실 카페 경영은 어렵다. 폐업률이 높은 것도 카페이다. 그렇다면 카페의 경쟁력은 무엇일까?

카페는 가성비에서 더 나아가 심리적인 만족감을 줄 수 있는 가심비가 있어야 한다. 그리고 맛은 기본이다.

와인 페어링은 음식과 가장 잘 어울리는 와인을 추천하는 것을 말한다. 커피에도 페어링이 있다. 커피에 어울리는 디저트의 궁합이다. 이는 커피 한잔을 마셔도 다채로운 풍미를 즐길 수 있어 만족감을 높이고 가심비를 제공한다.

이 책에서는 커피의 기본적 이해와 카페에서 인기 있는 디저트 레시피를 소개한다. 따라하기 쉬운 레시피이니 홈메이드 디저트로 활용해 보아도 좋다.

엄경자

차례

머리말 • 002

Chapter 01.
커피의 이해

1. 커피의 3원종 • 011
2. 품종 개량의 역사 • 015
3. 가공 프로세스 • 018
4. 품질 평가 • 025
5. 등급 분류 방법 • 026
6. SCAA(Specialty Coffee Association of America)에서 제시하는 커피 등급 분류 • 033
7. 커피 산지 • 036
8. 지구 온난화와 커피의 위기 • 048

Chapter 02.
로스팅의 이해

1. 로스팅의 의미 • 052
2. 로스팅의 특징 • 052
3. 로스터기의 종류 • 053
4. 로스팅의 단계 • 056
5. 로스팅 단계별 특징 • 057
6. 로스딩 공정 • 063

Chapter 03.
더 맛있는 커피를 위한 몇 가지 방법

1. 디게이징 • 066
2. 드립 방식으로 추출시 고려사항 • 066

3. 브루잉 • 068

4. 여러 가지 추출 도구 • 071

5. 에스프레소 추출과 크레마 • 074

Chapter 04.
아몬드 크림을 이용한 레시피와 체리파이

1. 아몬드 크림(크렘 다망드, Crème d'amande) • 082

2. 아몬드 크로아상(Almond croissants) • 085

3. 앙크로아상 • 088

4. 보스톡(Bostock) • 091

5. 초코 크로아상(Choco croissant) • 093

6. 팽 페르뒤(Pain Perdu) – 클래식 프렌치토스트 • 095

7. 타르트 오 푸와르(Tarte aux poires) • 098

8. 포마주 블랑 타르트 • 100

9. 타르트 클라푸티(Tarte clafoutis) – 체리파이 • 102

Chapter 05.
스콘과 인기 있는 타르트, 커스터드 크림 만들기

1. 클래식 스콘 • 108

2. 라즈베리 크림치즈 스콘 • 111

3. 커스터드 크림 • 115

4. 딸기 타르트 • 118

5. 청포도 타르트 • 120

6. 타르트 오 프뤼(과일 타르트) • 122

7. 커스터드 크림빵 • 124

차 례

Chapter 06.
카페에서 인기 있는 데니시 패이스트리

1. 바나나 데니시 패이스트리 • 130
2. 데니시 오 푸아르 • 133
3. 애플파이 • 135
4. 애플 데니시 패이스트리 • 138
5. 과일 데니시 패이스트리 • 140
6. 피스타치오 데니시 패이스트리 • 145
7. 팽 오 레이즌 • 147
8. 체리 데니시 패이스트리 • 149
9. 팽 오 쇼콜라(Pain au Chocolat) • 151
10. 크런치 데니시 패이스트리 • 153
11. 라즈베리 데니시 패이스트리 • 157
12. 치즈 아페로 • 160

Chapter 07.
따라하기 쉬운 베이커리 레시피

1. 팡드미(Pain de Mie) - 식빵 • 164
2. 시나몬 브레드 • 168
3. 애플 페이장 타르트 • 171
4. 세이보리 브레드 • 174

Chapter 08.
크리스마스 디저트 레시피

1. 후르츠 파운드 케이크 • 180
2. 무화과 파운드 케이크 • 183
3. 슈톨렌 • 186
4. 구겔호프 • 190
5. 세이보리 구겔호프 • 193
6. 갈레뜨 데 로아 • 195

Chapter 09.
부록

1. 그 밖에 레시피
   ① 타르트쉘 만들기 • 200   ② 브리오슈 • 202
   ③ 레이즌 브레드 • 205   ④ 이스트 도우 • 208
   ⑤ 하몽 브레드 • 212
2. 마카롱과 마들렌의 유래 • 215
3. 제빵의 이해 • 221
4. 커피와 디저트 페어링 • 225

Chapter 01

커피의 이해

1. 커피의 3원종

2. 품종 개량의 역사

3. 가공 프로세스

4. 품질 평가

5. 등급 분류 방법

6. SCAA(Specialty Coffee Association of America)에서 제시하는 커피 등급 분류

7. 커피 산지

8. 지구 온난화와 커피의 위기

커피는 가장 널리 사용되는 무알코올 음료 중 하나이며, 전 세계적으로 꾸준히 증가하고 있는 중이다. 원유 다음으로 세계 시장에서 거래되는 두 번째로 중요한 상품이다.

커피는 유럽, 미국, 일본 등을 중심으로 높은 소비량을 보이고, 한국은 세계 3위의 커피 소비 대국이다. 우리나라 국민들은 1인당 367잔의 커피를 마시고 있으며, 1인당 소바량으로 분석하면 세계 2위에 해당한다. 이렇게 커피는 우리의 생활에 밀접하게 연결되어 있다.

한국의 커피 산업 성장세는 무서울 정도이다. 시장의 규모가 커지는 만큼, 커피 관련 시장은 생존 경쟁이 치열하다. 특히 커피 전문점인 카페의 증가는 눈에 띄게 성장하고 있다. 커피는 단순한 음료가 아닌 문화 상품의 가치로서 높이 평가되고 있다. 현대 사회에서 카페는 상업적인 공간을 넘어서 힐링과 복합문화 공간이다. 만남은 물론이고 휴식, 스터디, 사무공간으로 활용하면서 어디에서도 쉽게 접할 수 있는 장소이다. 그래서 카페의 존재가치는 공간적 특성과 사회문화적 기능, 커뮤니티 매개체의 역할을 한다.

카페는 다른 외식업에 비해 상대적으로 진입장벽이 낮아 보이지만, 카페 경영은 쉽지가 않다. 카페는 가성비에서 더 나아가 심리적인 만족감을 줄 수 있는 가심비가 있어야 하기 때문이다. 이 책에서는 커피의 기본과 디저트를 이해하고 카페에서 활용할 수 있는 인기 있는 디저트 레시피를 소개한다.

커피의 3원종

커피나무는 꼭두서니과(Rubiaceae)와 Coffea속(屬, Genus)에 속하는 관엽수다. 원산지는 에티오피아 고원이며, 그 위치는 지금의 짐마(Djimmah, 옛 이름 카파(Kaffa)) 근처인 것으로 알려졌다.

커피는 크게 아라비카, 로부스타, 리베리카 3가지 종으로 구분하는데 시장에서 유통되는 품종은 아라비카와 로부스타이다. 이들은 사용목적과 용도에 따라 품종이 다르게 사용된다.

아라비카는 전 세계 커피 생산량의 약 70~80%를 차지하고, 로부스타는 전 세계 커피 생산량의 약 20~30%를 차지하고 있다.

☕ 아라비카

커피는 열대 및 아열대 기후인 적도에서 북쪽으로 23도, 남쪽으로 25도 사이에서 번성한다. 아라비카종은 세계 생산의 70~80%를 차지하는데, 에티오피아 아비시니아가 원산지이며 해발 1,000~2,000m의 고지대에서 자란다. 다 자란 나무의 높이는 3~4.5m이며, 잎의 길이는 15cm 정도이고, 나뭇가지의 색은 백갈색이다. 꽃가루로 자가 수분하여 자생하며 재래종, 돌연변이종에 자연 교배종, 개량종 등 현재 100종류 가까이 확인되고 있다. 병충해 특히 커피녹병에 가장 약하여 활발하게 품종 개량이 이루어져 왔다. 고온에 약하고, 서늘하고 습도가 적은 곳이 이상적(18~23℃)이다.

복합적인 아로마와 산뜻한 산미로 향, 맛 등의 품질이 뛰어나기 때문에 현재 세계에서 주요 재배종이다. 카페인 함량은 0.8~1.4%.

아라비카 커피는 1700년대 중반에 전 세계로 퍼지기 시작했으며, 역사적으로 대부분의 커피는 티피카와 버번의 후손이라고 할 수 있다. 20세기 중반에 육종가들은 커피 녹병에 내성이 있는 품종을 개량하기 시작했으며, 품종과 지역에 따라 생두의 향미 프로파일이 다르다.

[아라비카 종]

1 티피카(Typica)

- 라비카 커피의 대표적인 품종이다.
- 18세기 유럽 식물원에서 육종되어 전파되었다.
- 콩은 긴 편이고 단맛과 꽃향기와 상큼하고 달콤한 뒷맛이 있다.
- 품질이 우수하나, 녹병에 취약하다.
- 그늘이 필요하며, 격년 생산으로 생산성이 낮은 편이다.

2 버본(Bourbon)

- 에티오피아의 자연 교배종이다.
- 1708년경 프랑스 사람들은 인도양의 버본이라는 섬에 커피를 심었다.
- 센터컷은 S자형으로, 모양은 티피카 종보다 작고 둥글다.
- 깊고 부드러운 초콜릿 플레이버로 유명하다.

3 카투라(Catura)

- 버본의 변종이다.
- 1930년대 브라질에서 발견된 후 중남미로 퍼졌다.
- 격년으로 생산되며, 나무 키는 작고 신맛이 강한 특징을 가지고 있다.
- 향미 특성은 상큼한 맛이 뚜렷하고, 고지대에서 재배한 커피콩은 감귤과 레몬 향기가 있으나, 버본(Bourbon)이나 티피카(Typica)보다 달콤한 맛은 부족하다.

4 문도노보(Mundo novo)

- 티피카와 버본의 하이브리드 품종이다.
- 환경 적응력이 좋다.
- 수확량이 많고 병충해에 강하다.
- 달콤한 맛이 부족하고 쓴맛이 약간 있다.

5 카투아이(Catuai)

- 문도노보와 카투라 사이의 하이브리드 품종이다.
- 1940년대에 브라질에서 개량했다.
- 병충해와 강우에 잘 견딘다.
- 산미가 우수하고 다양한 과일 향이 특징이다.

6 켄트(Kent)

- 티피카의 변종이다.
- 1911년 인도에 살던 영국인 로버트 켄트에 의해 발견되었다.
- 병충해에 약하다.
- 전반적으로 맑고 깔끔한 맛이 좋다.

7 마라코지페(Maragogype)

- 티피카의 변종이다.
- 1870년 브라질의 Maragogype라는 곳에서 발견되었다.
- 열매가 매우 크지만 수확량이 적다.
- 카페인이 적은 편이며, 수분이 적어 딱딱하다.
- 향미 특성은 가볍고 너티한 향미와 바디가 중후하다.

8 게이샤(Geisha)

- 에티오피아에서 유래되어 파나마에서 육종되고 재배되었다.
- 파나마 치키리 주의 보케트 산악지대에서 자란다.
- 2004년 베스트 오브 파나마 경매에서 우승. 심사위원들은 게이샤의 깨끗하고 레몬 맛이 나는 향미에 최고의 스페셜티 등급을 주었다.
- 과일 향, 꽃 향의 특징으로 복숭아, 캔털루프(오렌지 멜론), 블루베리와 제비꽃, 백합 등의 꽃 향기가 난다.
- 상큼한 맛, 깨끗한 뒷맛 그리고 적당한 중후함을 가지고 있다.

알아두기

에티오피아 게이샤 (Gesha) 품종

Gesha 커피 품종은 1930년대 에티오피아 남서부에서 영국 식민 탐험을 통해 발견되었으며, 커피잎 녹병 저항성 특성 때문에 파나마로 전파되었다. 주요 산지는 에티오피아 게이샤(Gesha) 빌리지로, 에티오피아 서쪽 끝자락의 벤치 마지(Bench maji) 지역에 위치한다. 에티오피아 게이샤의 특징은 주로 제비꽃, 꿀, 블랙커런트, 라임 등의 과일향을 가지고 있다.

☕ 로부스타

19세기 아프리카 콩고에서 발견되었으며, 콩고 강 유역의 저지대 숲에서 자생한다. 타가 수정, 다른 나무의 꽃가루, 벌이나 곤충의 도움으로 번식하고, 고온 다습에 강하다(24~30℃). 700m 이하의 저지대에서 재배되며, 병충해에 강한 저항력을 가지기 때문에 재배가 용이해서 세계 각지에서 생산되고 있다.

세계 커피 생산량의 30%를 차지하며, 아라비카에 비해 콩의 모양은 둥근 편이고 카페인 함량이 1.7~4.0%으로 두 배 더 많다. 쓴맛이 강하고 태운 맛이 느껴지며 산미가 적다.

인스턴트 커피, 캔 커피, 액상 커피 등의 공업용 커피로 주로 쓰인다.

[로부스타 종]

1 카티모르(Catimor)

- 티모르(Timor) 커피와 카투라 커피 사이의 교배종이다.
- 커피 녹병에 강하고 수확량이 많다.
- 향미 특성은 약간 떫고 신맛이 있다.

2 티모르 하이브리드(Timor hybrid)

- 아라비카종과 티피카종의 자연 교배종이다.
- 1950년대 티모르 섬에 보급이 시작된 이후 수마트라 섬에서 재배되기 시작했다.
- 커피 녹병에 강하다.

☕ 리베리카

리베리카(Liberica) 종은 아프리카 라이베리아가 원산지로, 나무가 커서 재배가 어렵고 과육이 두꺼워 가공이 어려운 문제가 있다. 품질이 떨어지며, 생산이 아주 미미하고 쓴맛이 강하다.

커피 녹병에 약하고, 맛이 떨어져 리베리아, 가이아, 수리남 지역에서 소량 생산하고 있다.

품종 개량의 역사

☕ 커피잎 녹병의 병충해 저항성

커피 녹병은 전 세계적으로 커피에 가장 큰 위협 중 하나가 된 곰팡이다. 이 질병은 지역 환경 조건에 관계없이 거의 모든 커피 생산 국가에 존재한다. 이 질병은 커피잎 밑면에 주황색 같은 먼지 뭉치처럼 나타나며, 낮은 고도의 따뜻하고 습한 조건에서 재배되는 아라비카에 가장 널리 퍼진다.

커피 녹병은 1861년 빅토리아 호수 주변의 동아프리카 커피나무에서 처음 보고되었으며 이 지역에서 발생한 것으로 추정된다. 몇 년 후인 1860년대 후반에 스리랑카에서 커피 녹병이 발생하기 시작했고, 이후 실론섬의 커피농장에서 유행이 시작되었다.

이로 인해 커피 제국이었던 스리랑카는 1886년까지 커피 생산량이 급격히 감소했다. 커피 녹병이 커피 작물을 황폐화시켰기 때문에, 영국 식민지 개척자들은 커피 대신 차를 재배하기로 결정했다고 한다.

☕ 지형과 고도

아라비카 커피는 고지대가 많다. 특히 스페셜티 커피는 고지대에서 생산한 커피를 높이 평가한다. 향기 물질은 방어기작의 한 방법으로, 식물이 스트레스를 받으면 향을 만들어낸다. 고도가 높아 일교차가 클수록 스트레스를 많이 받으며, 커피나무는 고지대일수록 스트레스가 많아 향이 풍부해진다.

☕ 커피의 구조

커피 열매는 초록색에서 익으면 붉은색으로 변하며, 이를 커피 체리라 부른다. 열매는 통통한 베리류로, 안에는 두개의 씨앗이 자리잡고 있다. 일반적으로 커피 체리는 타원형이며, 크기가 약 10mm이다.

생두는 커피 체리의 안쪽에 존재하며 은피라고 하는 얇은 씨 껍질, 내과피, 펙틴, 점액질, 펄프, 외피 순으로 덮여 있다. 크게 커피 체리는 외과피, 중과피(과육), 파치먼트(내과피)의 총 3층으로 구성되어 있고, 체리 내부는 외과피(Oute rskin), 과육(Pulp), 파치먼트(Parchment), 은피(Silver skin), 생두(Bean), 센터 컷(Center cut)로 나뉘며, 중과피에는 달콤한 과육과 점액질이 포함된다. 점액질에는 다당류(펙틴), 셀룰로오스 및 전분이 포함되어 있으며, 이는 발효에 영향을 주어 생두 품질에까지 영향을 준다.

특히 발효는 미생물에 의해 당과 온도 등에 따라서 다양한 부산물을 만들어내는 대사 과정이다. 자연적으로 발효를 시키든 물에서 발효를 시키든 점액질의 성분으로 인해 발효는 일어난다.

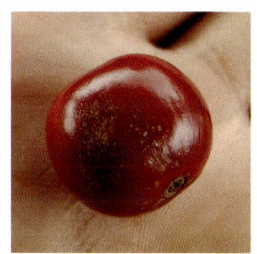  

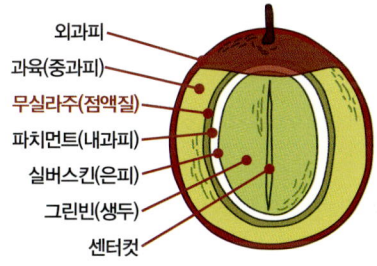

 알아두기

피베리 (Peaberry)

커피 열매에 한 개의 콩만을 가지고 있는 경우로 돌연변이다. 일반적으로 커피 체리는 단일 체리 내에서 콩의 두 반쪽으로 생장한다. 그러나 두 개의 콩이 아닌 하나의 콩을 생산하는 경우가 있는데, 이 단일 콩을 피베리(Peaberry)라 한다. 발생 원인은 유전적 결함, 환경적 조건, 불완전한 수정 등을 들 수 있으며, 전체 커피의 2~10%만 수확되는 희귀종이다.

☕ 수확

커피 열매는 붉은색으로 바뀌면서 부드러워지는데, 이때 수확을 한다. 수확하는 방법 중 가장 오래된 방법은 잘 익은 열매만 선별하여 손으로 수확하는 것이다. 손 수확의 비용이 비싼 이유는 모든 열매를 딸 때까지 여러 번 해야 하기 때문이다. 도구를 사용하여 수확하는 방법으로, 익은 체리를 거칠게 막 대로 떨어뜨리기도 하고, 수확기로 나무와 가지를 흔들어 떨어뜨리기도 한다. 대표적인 방법은 기계 수확으로, 대량 수확에 적합하여 비용이 적게 든다.

가공 프로세스

수확한 체리에서 생두가 되는 공정을 가공 프로세스라 한다. 수확된 커피는 웨트밀(Wet mill, 과육 제거, 생두 건조 작업의 장소)로 운반되어 과육과 생두를 분리한 후 발효하여 건조 과정을 거친다. 생두 수분율은 가공 과정을 거친 후 10~12%로 건조시키고, 파치먼트 단계 이후 도정한다. 생두 가공의 핵심은 발효이다. 발효를 통해서 생두의 품질이 다양화 되기 때문이다. 발효 과정을 수행하는 미생물은 거의 모든 곳에서 발견되며, 실제로 커피 체리를 따기도 전에 발효가 시작될 수도 있다. 커피 체리가 환경과 미생물 군집에 많이 노출될수록 발효는 빨리 일어날 수 있다. 따라서 커피 발효는 생산지의 위치, 기후 및 지역 생태계의 환경 상태에 따라 달라질 수 있다.

커피 가공의 가장 일반적인 두 가지 방법은 워시드와 내추럴이다. 워시드는 펄프 체리를 수조에서 발효시킨 후 세척하고 건조하는 반면, 내추럴은 자연에서 체리를 그대로 두어 햇볕에 말린다.

☕ 내추럴 가공

가장 오래된 커피 가공법이다. 커피 체리를 넓게 펼쳐 놓고 햇빛에 자연 건조시키는 가공법으로, 체리를 수확한 후 펄프를 제거하지 않고 그대로 건조시키는 방법이다. 물이 부족하고 햇빛이 좋은 지역에서 주로 이용하는 전통적인 방법이다.

수확한 커피 열매를 공기 순환이 원활한 그물망 같은 아프리칸 베드의 건조대에서 말리거나, 파티오라는 마당에서 건조한다. 상업적으로는 주로 큰 콘크리트 바닥이나 벽돌 파티오 위에서 건조하는데, 이때는 공기 순환을 하면서 곰팡이가 썩는 것을 피하기 위해 주기적으로 뒤집어 준다. 과육을 제거하지 않고 건조시키기 때문에 내추럴 가공법은 특히 잘 익은 신선한 체리를 선별하는 것이 무엇보다 중요하다. 에티오피아의 하라르가 유명하다.

- 배전도 : 생산 단가가 싸고 친환경적이다.
- 단점 : 품질이 낮고 균일하지 않다.

향미 프로파일

- ○ 과일 향이 풍부하다(블루베리, 딸기, 열대 과일향).
- ○ 복합적인 향미와 풍부한 바디로, 산미는 약하고 바디는 강하며, 단맛은 높다.
- ○ 과발효 위험성이 있다.

☕ 워시드 가공

커피 체리와 내과피를 둘러싼 점액을 마찰시켜 발효 작용과 물 이용 등으로 제거하는 방법으로, 일정한 설비와 기계장치, 풍부한 맑은 물이 필요하다.

목적은 커피 체리가 가공되기 전에 끈적끈적한 과육을 제거하기 위함이다. 디펄퍼(과육 제거기)로 커피 체리에서 과육을 벗겨내어 펄핑한 후 커피콩을 추출하여 수조나 물통으로 옮겨 발효시킨다. 일정 기간 발효통에 담가 효소 발효에 의한 자연 발효로 점액질을 제거하는데, 발효 시간은 산지에 따라 다르다. 이후, 점액을 제거하기 위해 물 흐름의 반대 방향으로 저어서 제거한다. 파치먼트에 남아있는 점액질을 세척해 건조한다. 물은 발효 시간을 연장하는 데 도움이 되며, 이렇게 해서 가공된 생두는 바디가 더 부드러워지고, 산도가 복잡해지며, 풍미가 더욱 정교해진다.

- **장점** : 질이 높고 균일하다.
- **단점** : 폐수 처리로 인한 환경 오염 문제가 발생한다.

향미 프로파일

- 산미가 뚜렷이 느끼지고, 다양하고 깔끔한 맛이 특징이다.
- 시트러스 과일 향, 밝고 선명한 노트, 라이트 바디
- 산미가 강하고 단맛이 약하다.

☕ 세미 워시드 가공

인도네시아에서 개발된 가공법이다. 커피 가공은 커피 생산지의 기후에 가장 큰 영향을 받는다. 커피 수확철에 인도네시아의 날씨는 구름이 많고, 습도가 높으며 축축한 느낌의 기후이다. 이런 조건에서도 커피를 건조시켜야 하기 때문에 인도네시아만의 독특한 커피 가공 기술이 개발되었고, 이를 세미 워시드(Semi-washed) 또는 수마트라(Sumatra) 가공법이라 부른다.

건식과 수세식의 절충형으로, 초반에는 물을 사용하지만 발효 과정이 없다. 수확한 체리를 물로 씻고, 기계로 외피와 과육을 제거한다. 커피 체리의 과육을 제거하고 점액질을 제거한 후 발효조를 거치지 않고, 파치먼트 상태로 건조한다. 이때 높은 수분으로 30~35% 정도 남기고, 약 4시간 동안 빠르게 건조시킨 후 도정한다.

향미 프로파일

- 산미가 약하고, 풍부한 바디감이 있다.
- 나무, 흙, 가죽, 향신료, 담배향

☕ 펄프드 내추럴 프로세스

브라질에서 처음 고안한 가공법이다. 전통적인 내추럴 프로세스는 완료하는데 오랜 시간이 걸릴 수 있으므로 이로 인해 커피 품질이 감소될 가능성 있기에 이를 보완하기 위해 만든 가공법이다.

펄프드의 의미는 워시드를 뜻하고, 내추럴의 의미는 드라이 프로세스를 뜻한다. 워시드와 내추럴 프로세스의 중간 형태의 혼합형(과육을 제거한 상태에서 내추럴 작업) 가공법이다.

커피 체리의 과피와 과육을 벗겨낸 후, 곧바로 파치먼트의 점액질이 남아있는 상태로 건조시킨다. 이때 점액은 씨앗에 그대로 남아있다.

내추럴 가공보다 조금 더 클린하고 워시드 가공보다는 낮은 산미와 가벼운 스타일이다. 당을 가지고 있는 점액질을 제거하지 않았기에 단맛이 높고 허니와 같은 맛이 특징이다.

향미 프로파일

- 과일 향, 구연산, 시럽이나 구운 견과류, 와인, 미디움 바디, 중간 산도

☕ 허니 프로세스

펄프드 내추럴 프로세스로 알려진 브라질의 공정과 유사하다. 외피와 과육은 제거했지만, 점액(허니)이 남는다. 디펄프(Depulp) 과정을 거쳐서 커피 체리로부터 껍질과 점액을 제거하는데, 점액을 완벽히 제거하지 않고 비율을 조정하여 파티오에서 건조한다. 점액질의 비율에 따라 건조 기간과 색깔이 결정되고, 단계별로 블랙(10% 제거), 레드(20~40%), 옐로우(60~80%), 화이트(90%)로 분류한다. 허니 프로세스는 건조가 빠르게 진행되어야 하고, 이를 위해 낮은 습도의 환경이 이상적이다. 주로 중미 커피 생산국, 특히 코스타리카에서 사용하고 있으며, 엘살바도르와 온두라스는 증가 추세이다.

향미 프로파일

- 진한 바디감, 낮은 산도의 달콤한 과일 향, 깊은 초콜릿 향
- 조림 과일 콩포트, 잼 향
- 카라멜 또는 달고나의 단맛, 견과류

☕ 무산소 발효(Anaerobic fermentation 애너로빅 발효)

대표적인 혐기성 발효 방법이다. 혐기성 발효란 산소가 없는 상태에서 탄수화물에서 ATP, 즉 에너지를 추출하는 것을 의미한다. 산소의 흐름을 막기 위해 단방향 밸브가 있는 밀폐된 탱크에 일정 시간 동안 펄프 또는 점액질만 남겨두고 발효한다. 미생물이 포도당 분자를 분해하기 시작하고 발효하는 동안 이산화탄소와 열을 생성하게 되고, 생성된 이산화탄소는 단방향 밸브를 통해 배출될 탱크의 산소를 대체하여 채우게 된다. 산소를 사용하지 않고 이루어지는 에너지 대사로 혐기성 무산소 상태에서 호흡하는 발효를 무산소 발효라 한다. 이때 사용되는 발효조로는 탱크 또는 그레인 프로(Grain-pro) 비닐 봉투를 사용하기도 한다.

발효 시간에 따라 향미 프로파일이 다양하다.
- 일반적으로 쟈스민, 시나몬 향이 선명하다.
- 너무 오래 발효하면 역효과를 일으켜 산도, 바디감, 아로마를 상실할 우려가 있다.

☕ 탄산침용법

와인의 카르보닉 마세레이션에서 고안하여 개발된 방법이다. 무산소 발효와 비슷하지만 차이점은 커피 체리의 펄핑 유무이다. 탄산침용의 경우 커피 체리를 넣고 탱크를 밀봉한 후 탱크에 이산화탄소를 주입하여 내부의 모든 산소를 배출하여 무산소 환경을 만들어 준다. 이러한 이유로 '탄산침용'이라고 한다. 콜롬비아, 코스타리카에서는 스테인리스 발효통에 넣고 이산화탄소를 가득 채우는데, 이렇게 발생된 가스는 발효 탱크 내부의 압력을 높이고, 생두의 내과피인 파치먼트를 산소로부터 분리시킨다.

커피 체리를 단방향 밸브가 있는 밀폐 탱크에 넣고 이산화탄소(CO_2)를 주입한다.

이산화탄소는 산소(O_2)보다 무거우므로, 산소는 탱크 상부로 밀려나고, 탱크에 CO_2만 남게 되는 특정 지점에서 혐기성 상태가 된다. 이것을 카르보닉 상태라 한다. 산소가 없기 때문에 포도당의 분해가 더 느리고 발효 과정이 길다. 따라서 침용 기간은 몇 시간에서 몇 일까지 다양할 수 있고, 껍질로 인해 발효 기간은 무산소 발효 기간보다 더 긴편이다.

향미 프로파일
- 향을 강화하고 단맛과 산도를 개선했다.
- 바디감이 더 풍부한 커피이다.
- 와인처럼 산미와 과일 향이 난다.
- 산뜻한 산미와 독특한 향을 갖게 되며 주로 시나몬, 베르가못, 재스민 향을 느낄 수 있다.

품질 평가

☕ 크기

- 건식 제분소에서 생두를 균일한 크기로 제분한다.
- 이는 외관을 위해서도 중요하지만 특히 로스팅할 때 중요하다. 스크린 사이즈 10~20의 같은 크기와 조건을 갖는 생두는 로스팅했을 때 일관된 결과를 낼 수 있다.

☕ 외관

- 생두는 품질에 따라 색이 다르다.
- 고른 청록색이 이상적인 색이다.
- 샘플의 색이 너무 밝다면 오래된 생두 등의 원인이 있을 수 있고, 고르지 못한 색은 건조 작업이 제대로 되지 않았을 때 나타나며, 지나치게 어두운 색은 과도한 수분 등 부정적 원인이 있을 수 있다.

☕ 이취

- 생두에서 이취가 나지 않는지 확인한다.

등급 분류 방법

상업적으로 거래되는 생두에는 등급이 있으며, 등급을 보면 그 커피가 어떤 것인지 알 수 있다. 알투라(Altura)는 스페인말로 고도를 뜻한다. 케냐의 더블 에이(AA)는 생두의 크기와 관련 있는 용어이다. 커피 등급은 통상적으로 표고차와 생두에 포함된 결점두 수, 생두 크기를 뜻하는 스크린 사이즈로 분류한다.

☕ 표고차(재배고도)에 의한 등급 분류

- 커피는 고지대에서 재배한 것일수록 좋은 평가를 받는다.
- 커피나무가 천천히 자랄수록 열매에 든 씨앗의 밀도는 단단해지기 때문에 고도가 높을수록 생두의 밀도가 단단하다.
- 고지대의 생두일수록 유기 화합물이 높은 밀도를 축적한다.
- 낮은 지대에서 자란 밀도가 낮은 생두는 로스팅 시 열을 잘 견디지 못하고 쉽게 타버리고, 이로 인해 향미가 빠르게 손실될 수 있다.

1 멕시코

- 스트릭틀리 하이 그로운 SHG(Strictly High Grown) 1,700m 이상
- 하이 그로운 HG(High Grown) 1,000~1,600m
- 프라임 워시드 PW(Prime Washed) 700~1,000m
- 굿 워시드 GW(Good Washed) 700m 이하

2 과테말라

- 스트릭틀리 하드 빈 SHB(Strictly Hard Bean) 1,300m 이상

- 하드 빈 HB(Hard Bean) 1,220~1,300m
- 세미 하드 빈(Semi Hard Bean) 1,050~1,220m
- 에스트라 프라임(Extra Prime) 900~1,050m
- 프라임(Prime) 750~900m

3 코스타리카

- 스트릭틀리 하드 빈(Strictly Hard Bean) 1,200~1,600m
- 굿 하드 빈(Good Hard Bean) 1,100~1,250m
- 하드 빈(Hard bean) 800~1,100m
- 미디움 하드 빈(Medium Hard Bean) 500~1,200m
- 하이 그로운 아틀란틱(High Growm Atlantic) 900~1,200m
- 미디움 그로운 아틀란틱(Medium Grown Atlantic) 600~900m
- 로우 그로운 아틀란틱(Low Grown Atlantic) 200~600m
- 패시픽(Pacific) 400~1,000m

4 엘살바도르

- 센트럴 스탠다드 CS(Central Standard) 600m 이상
- 하이 그로운 HG(High Grown) 900m 이상
- 스트릭틀리 하이 그로운 SHG(Strictly High Grown) 1,200m 이상

☕ 스크린 사이즈에 의한 등급 분류

- 일정 크기의 구멍이 뚫린 판에 생두를 올려놓고 흔들어서 그 크기를 선별한다.
- 생산국에서 스크리닝 작업을 통해 생두 크기별로 분류한다.
- 체(스크리너) 위에 생두 300g을 올린 후, 진동을 가해 걸러내는 방식이다.

- 체(스크리너)에 스크린 사이즈별로 일정한 크기의 구멍이 있다.
- 일반적으로 큰 생두일수록 양질의 생두이다.
- 생두의 스크린 사이즈가 일정한 것은 가공 과정이 섬세하다.
- 대표적으로 케냐 분류법(kenyan grading system)이 있다.

1 케냐

- E(Elephant 엘러펀트) 스크린 사이즈 18 이상
- AA 스크린 사이즈 18
- A 스크린 사이즈 17
- B 스크린 사이즈 15
- AB A와 B등급이 섞임
- C AB 등급 이하
- T 가장 작고 가벼움
- TT AA, AB, E 등급에서 제외된 작고 가벼운 생두

2 콜롬비아

- 수프레모(Supremo) 스크린 사이즈 17 이상
- 엑셀(Excelso) 스크린 사이즈 14~16
- UGO(Usual Good Quality) 스크린 사이즈 14이하
- 카라콜(Caracol) 스크린 사이즈 12이하

3 하와이

- Hawaii Extra Fancy 스크린 사이즈 19, 결점두 8/300g
- Hawaii Fancy 스크린 사이즈 18, 결점두 12/300g

- Hawaii No. 1   스크린 사이즈 16, 결점두 18/300g
- Hawaii Prime   결점두 25/300g

☕ 결점두 수에 의한 등급 분류

생두의 결점두 수로 분류하여 등급을 매기며, 결점두 수가 적을수록 높은 등급이다. 에티오피아, 브라질, 인도네시아에서 주로 사용한다. 결점두 선별은 후 처리 과정으로 인건비가 들어간다(핸드픽).

- 생두의 핸드픽 주의사항
- 모양과 사이즈를 고르게 한다.
- 모양, 두께, 사이즈, 색, 광택, 센터컷의 펴진 상태가 균일한지 확인한다.
- 피베리와 엘러펀트 콩은 단일 로스팅을 한다면 문제없지만, 다른 사이즈의 생두와 혼합된 경우에는 배전의 얼룩이 생겨 커피 맛에 부정적인 영향을 준다.

결점두(디펙트)

- 결점두는 생산, 수확, 가공, 운송, 보관의 과정에서 생길 수 있는 정상두와는 다른 생두이다.
- 결점두를 이용해서 품질 등급을 매길 수 있다.
- 등급을 매길 때는 결점의 종류를 세고, 샘플에 몇 개의 결점(프라이머리나 세컨더리 디펙트)이 존재하는지 세는 과정을 거친다.
- 결점두를 세서 점수를 매기는데, 점수는 커피 품질에 미치는 영향에 따라 차등 적용한다.
- 궁극적으로 스페셜티 커피는 결점이 최대한 없을 것을 요구한다.

☕ 디펙트(Primary defect) 종류

1 검정 변색/일부 검정 변색

- 과도한 발효 과정을 거치거나, 너무 익은 바닥에 떨어진 커피를 사용하거나, 탄수화물이 부족한 익지 않은 커피를 따서 생기는 현상이다.
- **커피에 미치는 영향** : 발효되거나 떫은 맛, 지저분하거나 곰팡이 핀 맛, 신 페놀산 맛, 톡 쏘는 듯한 맛이 난다.
- **발생 원인** : 검은콩은 콩의 완전한 발달이 부족하여 발생하며, 곰팡이 질병과 영양 결핍도 이 결함을 유발할 수 있다. 또는 발효를 거쳐 너무 익은 체리, 성장기에는 물이 부족하고, 탄수화물 수준이 덜 발달된 덜 익은 체리, 고온에서 말린 익지 않은 과일 등에 나타난다.

2 곰팡이

- 높은 수분 함량으로 생기며, 땅에 떨어진 커피 체리를 사용한다.
- 수확 자루에 남은 콩이 신선하게 수확한 체리를 오염시킨다.
- **커피에 미치는 영향** : 곰팡이 피거나 상한 듯한 맛, 향과 맛 특징을 모두 잃고, 마셨을 때 건강에 악영향을 끼칠 수 있다.

곰팡이에 감염된 콩에는 노란색, 붉은색, 흰색 또는 회색 포자가 있다. 이 결함의 가장 일반적인 원인은 높은 수분 함량이다.

- **발생 원인** : 부러진 콩이나 벌레 구멍이 있는 것과 같은 손상된 콩은 곰팡이 감염에 더 취약하다. 곰팡이는 포자가 한 원두에서 다른 원두로 퍼질 때 전체 커피 배치를 감염시키기 때문이다. 지나치게 긴 발효 기간, 건조 중 중단, 수분

함량이 높은 콩을 보관하고, 땅에 닿은 떨어진 커피 열매의 수확 및 가공, 수확 자루에 남은 콩 오염 등에 의해 발생한다.

3 신맛

- 수확하여 펄프 제거 시간이 지연될 경우
- 과도하게 발효된 커피 체리, 오염된 물을 사용하여 생긴다.
- **커피에 미치는 영향** : 심하면 악취가 나거나, 신맛 또는 와인 식초 맛이 나거나 산성이 강하다. 신 콩은 날카로운 신맛을 만들어 와인 같은 또는 아세트산 특성을 유발할 수 있다. 신 콩은 옅은 갈색에서 짙은 갈색 또는 노란색으로 변색된다. 변색으로 인해 눈에 띄게 시큼한 콩을 제거할 수 있고, 신 콩은 컵의 풍미에 큰 영향을 미친다.
- **발생 원인** : 일반적인 원인에는 따기와 펄프 제거 사이의 긴 시간 지연, 과도한 발효, 수분 함량이 높은 원두 저장, 더러운 물 등이 있다. 또는 수질 오염, 물 재활용, 더러운 발효 탱크, 느린 건조로 인한 과발효 등이 있다.

4 심각한 해충 피해

- 주로 커피 천공충 때문에 생긴다.
- 씨앗 속으로 직접 파고들어 작은 눈에 띄는 구멍을 남긴다.
- **커피에 미치는 영향** : 발효되거나 떫은 맛, 지저분한 맛, 약냄새

곤충 피해는 커피 해충에 의해 발생하는 2차 결함이다. 커피콩 바구미 등 해충에 의해 피해를 입은 커피는 신맛과 흙맛이 나는 경향이 있다.

- **발생 원인** : 많은 곤충들이 커피 열매를 먹으며, 곤충은 퀴퀴하고 알칼리성 풍

미를 생성시킨다. 이 해충 중 가장 널리 퍼진 것은 흰색 줄기 천공충으로, 이들이 만든 구멍 때문에 곰팡이가 생기기 시작할 수 있다. 커피 베리 천공충과 같은 곤충은 말 그대로 씨앗 속으로 직접 파고들어 작은 눈에 띄는 구멍을 남긴다. 서리 피해는 곤충, 커피 베리 질병 및 기타 질병과 같은 균류, 심지어 영양 결핍, 과도하게 익은 체리 또는 수확 후 과육 제거 전 지연되어 종자를 검게 할 수 있다. 시들고 주름지고 밀도가 낮은 생두는 가뭄 때문이다.

5 미숙/퀘이커

- 덜 익고 밀도가 낮은 작은 콩이다. 펄프를 제거한 후에는 구분하기 어렵지만 로스팅 후에는 더 밝은 색을 띠기 때문에 더 쉽게 알아볼 수 있다.
- **커피에 미치는 영향** : 맛은 건조하고 종이 같은 맛이 되어 컵의 쓴맛과 떫은 맛이 증가한다.
- **발생 원인** : 퀘이커는 영양 부족이나 이른 수확으로 인해 발생한다. 또는 부적합한 커피 생산 지역에서의 재배나, 가뭄과 녹병의 영향을 받는 커피 나무, 선별 과정에서 덜 익은 열매 제거 실패 등이 있다.

6 흠집/부서진 콩

- 부서진 콩은 일반적으로 펄프 제거 기계로 인해 발생하는 2차 결함이다. 생두가 부러지거나 흠집이 생길 수 있으므로 가장 쉽게 발견할 수 있는 결함 중 하나이다.
- 선별 과정에서 부서지거나 부서진 콩을 쉽게 제거할 수 있다.
- **커피에 미치는 영향** : 다양한 크기의 생두로 인해 로스팅 단계에서 열 전달이 고르지 않아 커피 원두가 제대로 로스팅되지 않는다. 커피는 균형이 맞지 않고 일관성이 없는 향미 프로파일을 갖게 된다. 또한 생두가 잘려져 있기 때문에

곰팡이 등의 다른 결함이 발생할 가능성이 있다.

○ **발생 원인** : 펄프화 기계는 펄프 제거, 건조 및 기타 공정 중에 이를 유발할 수 있다. 또는 덜 익고 크기가 작은 콩 수확, 펄프 기계를 통한 덜 익은 커피 가공, 건식 공장에서 기계 보정 불량 등이 있다.

SCAA(Specialty Coffee Association of America)에서 제시하는 커피 등급 분류

- 일반적인 샘플링은 300g의 생두로 하지만, SCAA 분류는 생두 350g의 샘플을 가지고 평가한다.
- 350g을 스크린 14를 이용해서 분류한다.
- 각 스크린에 남은 커피콩의 무게를 재고 그 비율을 기록한다.
- 커피를 로스팅한 후 잔에 담아 그 특징을 평가한다.
- 수분은 9~13%로 맞춘다.

 스페셜티 커피(Specialty coffee)

- 스페셜티 그린 커피에서는 350g의 커피에 풀 디펙트(Full defect) 결점두가 5개 이하 있다.
- 프라이머리 디펙트가 없어야 한다.
- 스크린 사이즈의 ±5% 이내는 허용된다.
- 바디감, 플레이버, 향, 산미 중 하나의 확실한 특징을 가져야 한다.

- 결함이나 악취가 없어야 한다.
- 덜 익은 콩은 없어야 한다.

☕ 프리미엄 커피(Premium coffee)

- 프리미엄 커피에는 350g의 커피에 풀 디펙트 결점두가 8개 이하 있다.
- 프라이머리 결점도 허용된다.
- 스크린 사이즈의 ±5% 이내는 허용된다.
- 바디감, 플레이버, 향, 산미 중 하나의 확실한 특징을 가져야 한다.
- 결함이 없어야 하고 로스팅 시 덜 익은 원두가 3개 이하로 있어야 한다.

☕ 익스체인지 커피(Exchange coffee)

- 익스체인지 커피에는 커피 350g에 풀디펙트 결점두가 9~23개 있다.
- 스크린 사이즈 15가 50%, 스크린 사이즈 14 이하가 5%여야 한다.
- 결함이 없어야 하며 덜 익은 원두는 5개까지 허용된다.

☕ 기준 이하 커피(Below standard coffee)

- 350g에 24~86개의 디펙트가 있다.

☕ 등급 외 커피(Off Grade Coffee)

- 350g에 86개 초과의 디펙트가 있다.

커피에 미치는 영향에 따라 디펙트는 프라이머리 디펙트와 세컨더리 디펙트로 나눌 수 있다.

1 프라이머리 디펙트(Primary Defects)

- 프라이머리 디펙트　　1개의 풀 디펙트를 만드는 데 필요한 숫자
- 검정 커피콩　　1
- 신 커피콩　　1
- 심한 해충 피해　　5
- 곰팡이 피해　　1
- 체리포드　　1
- 이물질　　1

2 세컨더리 디펙트(Secondary Defects)

- 세컨더리 디펙트　　1개의 풀 디펙트를 만드는 데 필요한 숫자
- 내과피　　2–3
- 겉껍질　　2–3
- 부러짐/흠집　　5
- 약소한 해충 피해　　10
- 일부 검정 커피콩　　3
- 일부 신 커피콩　　3
- 플로터(뜨는 콩)　　5
- 껍질　　5
- 미숙　　5
- 수분 피해　　2–5

커피 산지

커피는 열대성 작물로 고지대, 유기물이 풍부한 화산암 토양, 배수가 잘되는 비옥한 약산성 토양에서 잘 자란다.

아라비카 커피(Coffea arabica)는 에티오피아의 고지대 열대 지방에서 진화했으며, 기후 변화에 과민하게 반응한다. 대부분의 아라비카는 라틴 아메리카, 중앙 및 서아프리카, 아시아 일부 지역에서 재배되며, 커피 벨트로 알려진 적도를 중심으로 북위 25°와 남위 25° 사이의 지역에서 재배된다.

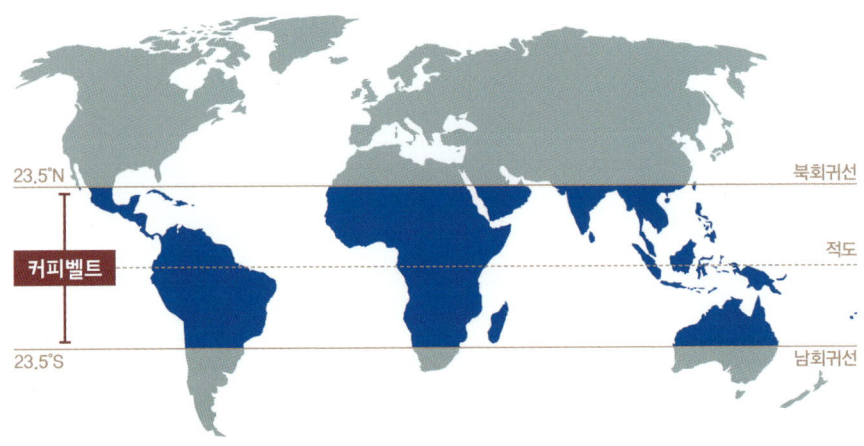

커피는 세계에서 가장 많이 소비되는 음료 중 하나로, 수입국과 수출국 모두에서 커피 소비자의 수가 증가함에 따라 연간 커피 생산량은 매년 증가세를 기록하고 있다.

60개 이상의 국가에서 생두를 생산한다(Lashermes et al., 2008, Vieira, 2008). 브라질은 생두 생산의 글로벌 리더이며 베트남, 인도네시아, 콜롬비아, 인도가 그 뒤를 잇는다.

☕ 아프리카

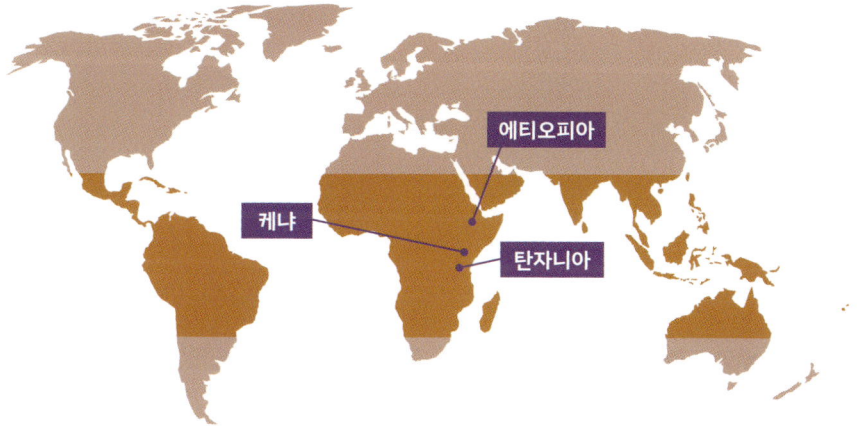

에티오피아, 케냐, 탄자니아가 유명하다. 커피가 발견된 곳이자 커피 재배의 중심지로, 대체로 신맛이 좋고 매우 향기롭고 밸런스 있는 바디가 있다. 고급 품질의 생두를 생산한다.

1 에티오피아

에티오피아는 인류가 시작된 곳이기도 하다. 1974년에 에티오피아 하다르 아와시강에서 인류 조상으로 알려진 오스트랄로피테쿠스 화석인 '루시LUCY'가 출토됐다. 2015년 오바마 전 미국 대통령이 에티오피아 방문 때 루시를 직접 만져보아 화제가 되기도 했다. 신장 1m, 몸무게 20kg의 여성으로 추정되는 루시는 직립 보행한 인류 조상으로, 역대 가장 완벽한 유골이다. 인류가 시작된 나라, 아프리카에서 단 한 번도 식민 지배를 받지 않은 나라 에티오피아는 고유의 커피 문화를 이어왔으며, 인류가 처음으로 커피를 마시기 시작한 곳이기도 하다.

기원전 6~7세기경 에티오피아의 카파에서 염소를 기르는 목동 칼디가 있었다. 어느 날 염소들이 잠들지 못하고 흥분하여 날뛰었는데, 커피 열매가 원인임을 알아내어 수도승들에게 보고했다고 전해진다. 에티오피아는 전 세계 커피 생산국 중에 가장 주목받는 고급 커피 산지로 알려져 있다.

커피 발견지로 알려진 카파(Kaffa)는 에티오피아의 짐마(Jimma/Dijimmah) 근처에 위치하고 있다.

아프리카 최대 커피 생산국이자 세계 6위이다.

커피는 에티오피아 사람들의 생활이며, 내수 시장이 50%를 차지할 정도로 아프리카에서 커피를 가장 많이 마시는 나라이다. 커피 품목은 수출의 절반 이상을 차지하는 주요 수출품으로서 나라 경제의 근간이다. 해발 1,300~2,100m에 걸쳐 높은 고도에서 자라고, 평균 15~25℃로 그늘 경작(세이드 트리)으로 재배된다.

주요 산지로는 하라르, 시다모, 이르가체프가 유명하다. 향기롭고 달콤한 향이 있으며 와인 향, 과일 향, 꽃 향, 스파이시 향과 세계적으로 유명한 모카맛 등이 특징이고, 산뜻한 산미가 돋보이며 바디가 약한 편이다. 에티오피아의 독특한 커피 의식으로 커피 세레모니로 유명하다. 에티오피아인들은 커피를 팬에서 굽고 막자사발과 공이로 갈아서 주전자(제베나)로 우려낸 뒤 의식적인 무늬로 장식한 컵(시니)에 따라 마시는 문화가 있다.

커피 생산 시스템으로는 4가지 방식이 있으며, 포레스트 8~10%, 세미 포레스트 30~35%, 가든 50~55%, 플랜테이션 5~8%를 차지하고 있다. 포레스트(Forest)는 야생에서 자연적으로 자라는 커피로, 농부는 최소한의 관리와 개입만 수행한다. 세미 포레스트(Semi-forest)는 농부가 좀더 집중적으로 개입한다(예 : 솎기, 잡초 뽑기, 커피 모종 심기 등). 가든은 집 근처에서 재배하는 커피로, 일반적으로 다른 작물(보통 향신료 등)과 함께 재배한다. 플랜테이션은 대규모 집중 관리 시스템으로, 주로 숲(그늘)에서 재배한다.

2 케냐

케냐는 생산량 기준으로 세계에서 16번째로 큰 커피 생산국이며, 국내 소비는 총 생산량의 5% 정도이고 대부분 수출하고 있다. 현재 스페셜티 커피 원산지로 인정받고 있으며, 케냐 AA는 품질면에서 세계적으로 유명하다.

해발 1,500~2,000m의 고지대에서 재배되고, 나이로비 수도에서 케냐산 일대로 이어지는 중부 고지대와 비옥하고 산성인 토양에서 커피 생산을 하여 최적의 조건을 갖추고 있다. 커피 유통 경매 시스템이 체계화, 투명화 되어 있으며 정부에서 운영하고 있다.

케냐의 커피는 강하면서도 상큼한 맛을 가진다. 베리류의 향미와 강한 신맛, 과실의 달콤함, 와인과 딸기의 향미를 가진 커피로 평가되고 있다.

최상급 등급 AA는 스크린 사이즈 18 이상인 생두에 매겨지는 프리미엄 커피로, 높은 가격으로 판매된다. 스크린 사이즈 17~18, 1,400~2,000m의 고지대에서 재배되며, 정상적인 생두 중 가장 큰 사이즈이다. 주로 바디감이 가볍고 밝은 꽃 향미를 가지고 있다.

3 탄자니아

유네스코가 지정한 세계문화유산으로 킬리만자로 산이 있다. 탄자니아 커피를 대표하는 킬리만자로 커피는 토양에 영양이 풍부한 킬리만자로 산기슭의 화산재 퇴적 지역과 북부 메루(Meru)산 주변에서 재배되어 복합적인 과일 향과 꽃 향이 특징이다.

커피는 탄자니아의 최대 수출 작물이며, 아프리카에서 4번째, 세계에서 19번째로 큰 커피 생산국이다. 피베리 생산이 높으며, 탄자니아 피베리는 스페셜티 커피로 인정받고 있다.

고지대에서 재배된 피베리는 감귤류와 같은 산도, 자두, 복숭아, 블랙 커런트를 포함한 잘 익은 과일 향, 초콜릿과 달콤한 홍차를 느낄 수 있다.

가장 높은 등급은 크기가 가장 큰 규격을 AA로 표기한다. 아라비카 커피의 주 생산지는 모시, 아루샤, 킬리만자로, 음베야, 루부마 등이 유명하다.

☕ 중미

양쪽으로 바다를 끼고 있는 땅으로, 습기와 비가 적당해 천혜 조건을 갖추고 있다. 파나마, 과테말라, 코스타리카, 엘살바도르, 온두라스가 유명하다.

1 과테말라

세계 11위 커피 생산국으로 안티구아가 제일 유명한 산지이다. 풍부한 태양과 경사진 화산 토양에서 재배되어 스모키한 향과 초콜릿 향이 느껴지고, 향기가 풍부하고 상큼하며, 달콤한 과일 풍미가 특징이다.

과테말라에는 7개의 주요 재배 지역이 있으며 안티구아, 우에우에테낭고가 유명하다. 온화한 아열대와 미기후로 아라비카 커피 품종인 티피카, 버번종이 주로 경작된다. 최고급 커피는 1,600m 이상의 지역에서 재배한 SHB 등급으로 세계적으로 인정받고 있다.

2 코스타리카

1779년 쿠바로부터 묘목이 이식되어 경작되기 시작하였으며, 세계 16위 커피 생산국이다. 로부스타종의 재배가 불법이며 아라비카만 생산하고 있다.

열대 우림 지역으로 화산 토양으로 고지대 활화산 지형이다. 타라주가 유명하고 특히 라 미니타(La Minita) 농장의 커피가 알려져 있다.

감귤류, 와인 맛이 특징이며, 연한 초콜릿 풍미, 크리미하고 묵직한 바디감이 있다. 다양한 미기후는 커피 품종, 고도, 토양 유형, 강우량과 온도 변화를 세분화하여 마이크로 랏으로 생산한다. 마이크로 밀과 마이크로 랏 운동의 확산으로, 소형 장비의 투자와 가공 과정을 체계적으로 관리하고 있다.

3 파나마

초기 농장은 해안 지역에 있었지만 낮은 고도로 인해 해충과 질병에 시달렸고, 이를 벗어나기 위해 더 높은 고도인 바루(Baru) 화산이 있는 보케테(Boquete) 지역으로 옮겨가 경작을 하게 되었다. 보케테(Boquete) 지역은 파나마에서 가장 오래된 커피 생산 지역이자 가장 잘 알려진 커피 생산 지역이다. 산악 지역의 미기후는 해충과 질병을 통제하는 데 도움이 되었다. 오늘날 보케테와 함께 바루 화산의 남서부에 위치한 볼칸(Volcan) 지역 또한 좋은 품질의 커피로 유명하며, 두 지역 모두 독특한 기후와 바루 화산의 화산재 토양으로 커피 재배에 이상적인 조건을 가지고 있다.

파나마의 가장 영향력 있는 커피 농장인 아시엔다 라 에스메랄다(Hacienda la Esmeralda) 농장에서 재배한 게이샤 품종은 강렬한 꽃 향기, 감귤계열 향이 뛰어나다. 게이샤 커피로 세계에서 가장 비싼 단일 농장 커피이다. 게이샤는 세상에서 가장 귀하고 비싼 커피 중 하나로, '럭셔리 클래스' 커피라고도 부른다. 매우 깔끔하고 특징적인 재스민, 체리, 오렌지, 레몬 맛에 사탕이나 토피 같은 단맛이 결합된 맛이 나고 꽃 향기와 시트러스 향이 돋보인다. 바디감은 가벼우면서 섬세하고 복잡한 구조가 느껴진다.

☕ 남미

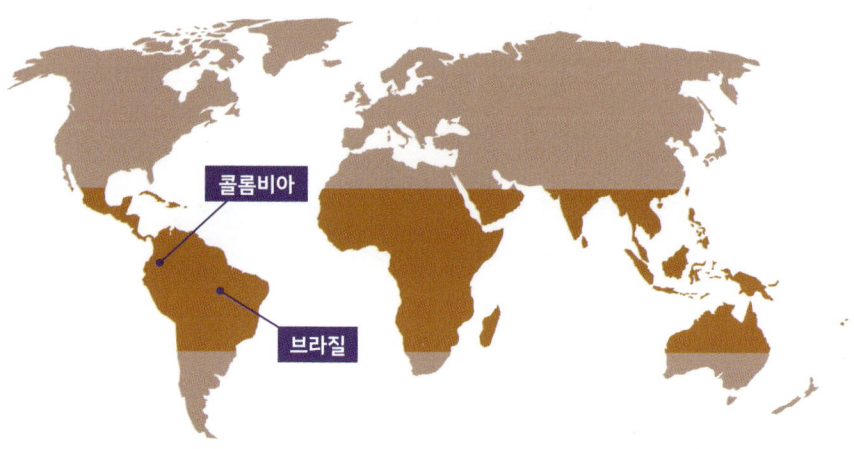

1 브라질

현재 30% 이상의 점유율을 차지하고 있는 세계 최대의 커피 생산국이다. 대부분 펄프드 내추럴 가공하는데 이는 1990년 브라질에서 처음 고안되었다. 비교적 평탄한 곳에서 대량 생산하고, 대규모 재배로 기계화 생산이 가능하기에 기계 수확에 의존하는 대형 농장 위주이다. 브라질 커피는 고지대에서 재배되지 않기 때문에 산도가 낮고 밀도가 높지 않은 편이다. 단맛이 나며 묵직한 바디가 느껴진다. 풍미는 과일 향이 부족하지만, 초콜릿과 구운 견과류 같은 달콤한 맛과 함께 쌉싸름한 맛이 특징이고, 산미가 부족하여 밝은 산미를 가진 커피는 매우 드물다.

2 콜롬비아

현재 세계 3위의 커피 생산국이며 전 세계 커피 생산량의 약 12%를 차지하고 있다. 1958년 콜롬비아를 대표하는 커피 농부인 후안 발데스와 그의 당나귀 로고가 유명하다. 풍부한 바디와 부드러운 풍미가 있으며, 수프리모와 엑셀소 등급이 최상급이다.

안데스 산맥의 해발 1,000~2,000미터 사이 고지대에서 재배되는 콜롬비아 커피는 산도와 단맛이 높고 컵 품질이 우수하다고 평가받는다. 특히 경사가 가파르고 비옥하며 배수가 좋은 화산재성 토양이다. 브라질, 베트남에 이어 세계에서 3번째 아라비카 생산국이다.

☕ 카리브해

1 자메이카

카리브 특유의 온화한 기후, 연중 일정한 강수량과 빗물이 고이지 않는 비옥한 화산 토양 등 이상적인 커피 재배 환경을 갖추고 있다. 블루마운틴 커피의 부드럽고 조화로운 맛은, 블루마운틴 산맥의 고지대에 경작하여 높은 밀도를 지닌 자메이카 블루 마운틴 커피가 세계적으로 유명하다. 꽃 향, 밝은 산도로 유명한 정통 자메이카 블루 마운틴 커피는 가장 희귀하고 가장 고급 커피 중 하나이다. 자메이카 블루마운틴 커피는 오직 블루 마운틴 지역에서 생산되고, 자메이카 정부의 공인 가공 공장에서 가공되며, 품질 보증서가 들어 있는 것만이 진짜로 인정된다.

카리브해의 섬나라이다. 프랑스의 루이 15세 때 식민지배하던 자메이카의 총독인 니콜라스 로스 경이 1728년에 마르티니크 주지사에게 커피나무를 보냈으며, 이를 받아서 재배하기 시작하였다.

품종은 티피카와 자메이카 블루 마운틴(티파카의 파생 품종)을 주로 재배한다. 자메이카 블루 마운틴은 자메이카를 대표라는 커피 산지이다. 블루 마운틴의 고지대는 서늘하며, 연중 짙은 안개가 덮여 있다. 이로 인해 짙은 안개는 강렬한 햇빛이 커피나무에 직접 내리쬐지 못하게 하는 일종의 차단막 역할을 하면서 커피나무의 성장을 더디게 조절하여 밀도가 높은 커피를 생산한다. 1969년 일본 자본이 투자되면서 오랫동안 일본에서 인기가 많았다.

오세아니아

1 하와이

세계적인 최고급 커피의 하나인 코나(Kona) 커피를 생산한다. 코나는 하와이의 북부코나와 남부코나에 위치한 후알랄라이와 마우나 로아의 비탈에서 경작된다. 단맛, 과일맛, 풀바디 플레이버와 기분 좋은 아로마를 가진다.

코나는 손 수확하는 티피카 품종의 커피로, 규칙적인 비와 배수가 잘 되는 화산재 토양이다. 평균 재배 고도는 250~750미터로, 비교적 낮은 고도에서 경작됨에도 불구하고 고지대에서와 같은 고급 품질의 커피가 생산되고 있다. 매우 부드러우면서도 상큼하고, 향기가 풍부하여 단맛과 신맛 그리고 산뜻하고도 조화로운 맛과 향을 가진 부드러운 커피로 평가된다.

모든 코나 블랜드에는 코나 커피의 비율을 반드시 명시해야 하고, 하와이 코나 지역에서 재배한 커피에만 코나(Kona) 이름과 등급제를 붙인다.

코나 엑스트라 팬시(Kona Extra Fancy)가 가장 높은 등급이며, 생두의 크기가 스크린 사이즈 19로 가장 크다.

아시아

1 베트남

세계 커피 시장의 15% 이상을 차지한다. 원두 자체보다는 인스턴트 커피 원료로 사용되는 로부스타를 90% 이상 생산한다.

2 예멘

세계 최초로 커피를 경작한 나라로, 최대의 커피 무역항이었던 모카가 있다. 이

항구에서 수출되는 모든 커피는 항구의 이름을 따서 모카 라고 불렀다. 15세기초에 아랍인들은 에티오피아에서 들어온 생두를 아라비아 반도 남쪽에 위치한 예멘에서 세계 최초로 경작하기 시작했다.

예멘은 에티오피아에서 발견된 커피를 전 세계로 전파시킨 나라이다. 커피는 주로 고지대의 산악지대에서 재배된다. 생두의 모양이 불규칙하고 수많은 변종이 있다. 건조한 토양과 대기로 인하여 예멘 커피는 크기가 작고 매우 단단하다. 물이 부족하여 커피 체리의 가공은 대부분 자연 건조 방식을 이용한다. 세계적인 프리미엄 커피 중 하나인 모카 마타리가 있다. 일명 빈센트 반 고흐의 커피로 알려져 있는데, 그의 작품 '아를르의 포룸 광장의 카페 테라스'에서 모카 마타리를 즐겨 마시며 그렸다고 전해진다.

3 인도네시아

커피 산업은 1696년 인도 말라바의 네덜란드인 주지사로부터 선물 받은 커피 씨앗을 인도네시아 자카르타 주지사가 들고 들어와 이식하면서 시작했다. 아라비카만 생산하다가, 1876년 커피 녹병 발병으로 로부스타를 생산하기 시작하였고, 1977년 이후부터 병충해에 강한 로부스타를 경작하여 현재 90% 이상을 생산하여 전 세계 생산의 약 7.3%를 차지한다.

나무, 향신료, 허브, 흙 아로마인 수마트라산 만델링이 독특한 맛이 있다. 유명한 산지로는 만델링 커피로 유명한 수마트라, 모카 자바로 유명한 자바 등이 있다. 특산품인 코피루왁은 커피 체리를 먹은 시벳 고양이(Civet cat)의 배설물을 모아 만든 커피로, 세계에서 가장 비싼 커피 중에 하나이다.

4 인도

오늘날 인도는 브라질, 콜롬비아, 멕시코, 에티오피아에 이어 세계 5위의 아라비카 커피 생산국이다. 인도 커피의 역사는 1670년에 이슬람의 순례자인 바바부단이 모카로부터 커피 씨앗 7개를 몰래 가져와서 경작이 시작된 오래된 커피 역사를 가진 나라이다. 아라비카 커피와 로부스타 커피가 모두 생산되고 있지만, 전체 커피 생산량의 약 60% 정도를 로부스타가 차지하고 있다.

인도산 로부스타는 불쾌한 향미가 적어 깊으면서도 부드럽고 달콤한 맛, 낮은 산도와 향신료나 초콜릿 맛이 있다고 평가되며, 이러한 짙은 바디와 달콤함으로 에스프레소 커피의 블렌드에 많이 사용되고 있다. 가장 유명한 것은 몬순 커피인 몬순 말라바(Monsoon malabar)이다. 주로 흙, 나무, 후추의 향이 나고 산미가 부족하며 바디가 강하다.

5 중국

중국에서 커피 재배가 본격화 된 것은 1988년이다. 중국 정부가 네슬레 대기업의 지원으로 커피 산업을 활성화하기 위한 프로젝트를 시작하면서 부터이다. 2016년과 2017년에 중국은 세계 20대 커피 생산국 중 하나였으며, 전 세계 커피 생산량의 1.5%를 차지한다.

중국에서 재배되는 커피의 97~98%가 윈난성에서 생산된다. 윈난은 차 재배지로 유명한 보이 차의 발상지이지만, 고도가 약 2,000m인 산악 지형과 온화한 기온은 뛰어난 커피를 재배하는데 적합하다. 풍부한 붉은 토양과 온화한 기온이 특징으로, 해발 1,000~1,500m 사이의 높은 고도에서 재배된다.

소량의 로부스타는 중국 남부의 하이난 섬과 중국 남동부의 푸젠성에서 재배되기도 한다. 오늘날 중국 커피의 약 70%는 커피 녹병에 더 저항력이 있는 카티모르(Catimor) 종이다. 스페셜티 시장을 위해 아라비카 생산량을 늘리고 있으며, 비교적 가벼운 산도와 깔끔한 맛으로 가벼운 바디감에서 중간 정도의 바디감을 보여준다. 크림, 초콜릿 및 과일, 열대 과일 프로파일을 가진다. 일부에서는 중국 커피를 워시드 공법으로 가공된 남미 커피에 비유하기도 한다. 중국은 대부분 워시드 가공이며 소량을 내추럴로 가공한다.

지구 온난화와 커피의 위기

지구는 심각한 기후 변화에 직면하고 있으며, 이는 커피 산업에도 영향을 끼치고 있다. 지구 온난화로 인해 아라비카 커피의 위기가 도래했다. 2021년에 브라질 역사상 최악의 가뭄과 서리로 커피 생산량이 약 1/3로 감소하여 전 세계 커피 가격이 급등되었다.

세계 5대 커피 생산국 중 4개국(브라질, 베트남, 콜롬비아, 인도네시아)은 커피 재배에 가장 좋은 지역의 적합성이 감소할 것으로 예상된다. 많은 학자들은 커피의 원산지인 에티오피아는 커피 재배에 대한 기후 적합성으로 인해 생산량은 그대로 유지될 것으로 예상되지만, 그 외에 커피 재배에 가장 적합한 지역은 열대 지방에서 감소하고, 커피 재배에 적합한 총 토지 면적이 2050년까지 전반적으로 감소 예측하고 있다. 반면에 미국, 아르헨티나, 우루과이, 중국과 같은 열대 지방 이외의 일부 국가에서는 커피 재배 적합성이 증가할 가능성이 있다고 보고 있다.

실제, 지구 온난화로 온도가 2℃에서 3℃로 상승한다면 전 세계 커피 산지의 81% 지역에서 수확량이 감소할 것이라고 예측하고 있다.
전 세계에 커피를 재배하는 수백만 명의 취약한 농부들과 그들의 가족을 부양할 수 있는 생계를 보장해 주기 위해서, 지구 온난화를 대처하는 것이 계속해서 커피를 즐기는 최선의 방법이다.

그렇다면 지구 온난화를 2℃ 이하로 유지하며 가속화되는 기후 변화를 어떻게 막을 수 있을까? 스타벅스는 지속 가능한 커피 프로젝트를 수행하고 있다. 탄소 배출량을 줄이고 물을 절약함으로써 농부들이 생산성을 높이는 동시에 지구 온난화를 막고, 고객에게 지속 가능한 방식으로 커피를 제공할 수 있도록 도움을 줄 수 있다. 또한 농부들이 삼림 벌채를 방지할 수 있도록 도움을 주어야 하며, 농부들에게 내후성 커피 품종을 배포하고, 중요한 커피 재배 지역에서 위험에 처한 산림을 보호하고 복원하기 위해 노력해야 한다.

좀 더 구체적으로 살펴본다면, 커피 재배에 더 적합한 기후 조건을 갖춘 지역을 찾아봐야 하고, 커피 식물을 재배하는 방법을 변경하고. 다른 커피 품종으로 전환할 수 있도록 연구해야 한다. 농부와 지역 사회를 위해 고품질 커피 재배를 점점 더 어렵게 만드는 기후 변화와 관련하여 직면한 문제를 해결하기 위해 협력해야 한다.

Chapter 02
로스팅의 이해

1. 로스팅의 의미

2. 로스팅의 특징

3. 로스터기의 종류

4. 로스팅의 단계

5. 로스팅 단계별 특징

6. 로스팅 공정

로스팅의 의미

커피 생두에서 맛을 내기 위해 원두로 열을 가해 볶는 과정을 로스팅라고 한다. 생두에 열을 가하여 커피의 풍미, 산도, 뒷맛 및 바디를 보강하고, 향 및 기타 향료 성분을 생성하는 물리적, 화학적 변화를 거치는 과정이다. 이를 통해 다채로운 향과 맛의 커피로 바뀐다.

로스팅 과정에서 원두에 열을 가하면 변화가 생기기 시작한다. 이러한 변화는 소리와 냄새, 시각적 변화로 나타나는데, 일반적인 로스팅 과정과 그에 따른 원두의 변화이다.

로스팅이 시작되면 수분이 감소하고, 이산화탄소가 생성되어 방출되기 시작한다. 세포 안의 지방이 조금씩 커피콩 표면으로 이동하고, 당류와 아미노산이 결합하여 메일라드 반응이 일어나면서 색과 향이 만들어지기 시작한다. 색의 변화와 향의 변화가 일어나면서 약 800여 가지의 휘발성 향물질이 생성된다. 이 과정에서 원두는 부풀어 올라 크기가 증가하고, 동시에 무게가 크게 줄어들어 부피와 질량의 변화가 생긴다. 또한 열분해 반응을 거치면서 커피 오일이라는 물질을 만드는데, 이는 로스팅이 길어질수록 많이 생성된다.

로스팅의 특징

- 수분이 증발되고, 이산화탄소가 생성되어 방출된다.
- 여러 휘발성 향기 성분 등이 생성됨과 동시에 일부 손실도 일어난다.

- 부피가 약 2배까지 증가하고, 밀도는 반 이하로 감소하며, 조직이 다공성으로 바뀐다.
- 로스팅은 커피의 핵심적인 향기가 조화롭게 생성되는 과정으로, 생두 성분의 당, 단백질, 유기산, 무기물 등이 물리 화학적으로 상호 반응하여 일어난다.
- 로스팅을 오래 할수록 신맛은 감소, 쓴맛은 증가하고, 단맛은 신맛, 쓴맛이 증가하는 것과 달리 중간 시점에서 최고점을 가진다. 로스팅 정도에 따라 단맛, 신맛, 쓴맛을 자유자재로 발현 가능하다.

로스터기의 종류

☕ 직화

가스버너에서 오는 전도열이 구멍을 통해서 직접적으로 커피 콩에 닿아 로스팅된다. 3가지 열원 비율에서 전도의 비율이 가장 많은 방식으로, 단맛과 로스팅 플레이버가 강하다. 기름 성분이 배출되어 콩이 쉽게 타버릴 수 있다.

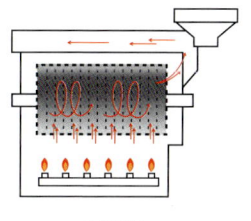

▲ 직화식

☕ 반열풍

화력에 의해 드럼이 가열된 후, 그 열로 드럼 내부의 공기가 덥혀지면서 생두에 전달되는 방식이다. 가스버너에서 드럼통 표면에서 오는 전도열과 드럼통 내부에 흐르는 열풍이 전달되어 대류를 사용하는 방식으로, 콩이 균일하게 팽창하고 안정적인 로스팅이 이루어진다.

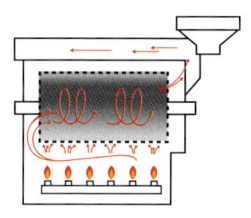

▲ 반열풍식

☕ 열풍

반열풍식과 비슷하지만 가스버너에서 열풍을 쏘는 방식으로 뜨거운 공기로 원두를 로스팅한다. 뜨거운 열풍이 커피콩을 빠르게 지나며 로스팅이 이루어지며, 드럼의 뒷부분을 통하여 열풍을 원두 사이로 순환시켜 로스팅하는 방식이다. 뜨거운 공기로 콩이 볶이기 때문에 그을림이 적은 장점이 있다.

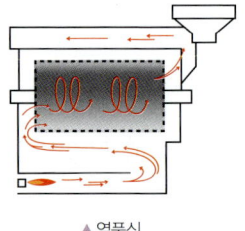
▲ 열풍식

☕ 열 전달 방식

① 전도열을 이용한 로스팅

콩이 로스팅이 일어나는 드럼의 뜨거운 금속 표면과 접촉하는 것을 의미하며, 외부에서 내부로 로스팅한다. 충분히 예열된 드럼통에 생두를 투입하게 되면, 생두가 드럼통 안의 열과 접촉하게 되면서 열 이동이 이루어지고, 드럼의 내부 온도는 떨어지게 된다. 드럼 아래에서 열린 불꽃이 실린더를 가열하여 뜨거운 금속 표면과의 접촉을 통해 열을 커피 원두로 전달하게 되며, 이러한 형태의 열 전달을 전도라 한다.

② 대류열을 이용한 로스팅

뜨거운 공기를 이용하여 간접적으로 열을 가하는 것을 의미하며, 뜨거운 공기가 콩을 지속적으로 통과하고 내부에서 외부로 로스팅한다. 예열된 뜨거운 공기는 드럼과 원두 위로 순환되며, 이 공기는 로스팅 팬에 의해 흡입되는데, 이것이 대류열이다. 대류열은 댐퍼를 사용하여 흐름을 조절 가능하다. 일반적으로 로스팅 단계에서 처음은 댐퍼를 좁게 하여 전도열을 쓰는 것이 효율적이고, 후반부에는 댐퍼를 적절하게 개방하여 대류열을 사용한다.

3 복사열을 이용한 로스팅

복사열은 주철 같은 금속 자체 소재에서 발생하는 열이다.

☕ 드럼 속도

드럼 회전수(RPM)를 조정하여 커피 원두가 직접 열에 노출되는 시간을 변경시켜 원두 내 고유한 풍미 프로파일을 생성 할 수 있다. 드럼 속도가 높을수록 로스터기의 대류열이 더 커진다. 즉, 드럼 RPM이 너무 높으면 원심분리되어 원두가 드럼 벽에 달라붙게 되고, 타는 결함이 나타난다. 반면 드럼 속도가 낮을수록 로스터기는 더 많은 전도열을 갖게 된다. 원두가 드럼 벽과 접촉하는 시간이 더 길어지고, 뜨거운 공기에 뜨는 시간도 줄어들고, 대류열이 적다. RPM이 너무 낮으면 원두가 거의 정지되어 드럼 벽에 너무 많이 닿게 된다.

☕ 발현시간

발현시간(디벨롭 타임)을 DTR이라고 한다. 디벨롭 시간은 첫 번째 크랙이 시작된 후 로스팅이 끝날 때까지의 시간을 가리키는 용어이다. 일반적으로 어떤 커피든 첫 크랙 후 30~45초의 디벨롭 시간이 걸린다. 더 길게 가면 볶은 향미를 얻을 수 있으며, 짧으면 너무 가벼워진다.

로스팅의 단계

☕ 1. 건조 단계

로스팅의 첫 번째 단계로, 수분을 날리며 물리적 반응의 시작이다. 생두가 로스터기에 들어간 후 열을 흡수하여 수분을 증발시켜 흡열 반응한다. 이때 생두는 녹색에서 노란색을 띠게 되며, 수분 함유량이 70~80%까지 소실하게 된다.

☕ 2. 브라우닝 단계(갈변 반응)

생두에서 수분이 증발하게 되면 갈변화가 시작되고, 중요한 화학적 반응이 일어난다. 열로 인해 생두의 탄수화물과 아미노산 사이에 반응이 일어나며, 색과 맛이 변하는 메일라드 반응이 일어난다. 또한 생두의 온도가 상승하면 1차 크랙이 발생한다. 갈변화가 빨라지면 이산화탄소가 생성되고 수분이 증발된다. 이때 압력이 높아지면서 펑 소리와 함께 부피가 증가하는 현상을 1차 크랙이라고 한다. 이 과정을 통해서 커피의 부피가 두 배로 팽창하고 색깔은 갈색으로 변하며, 중량은 약 13~16% 줄어들게 된다.

☕ 3. 개발 단계(건열 분해)

커피 온도가 오르면 커피의 세포 내에서 공기 없이 화학작용이 일어나면서, 열이 생성되어 외부로 발산하는 발열 반응이 일어난다. 이때 커피 색깔은 짙은 갈색으로 변하고, 1차 크랙보다는 작은 소리를 내면서 2차 크랙이 일어난다. 커피 표면에 기름이 배이기 시작하며, 중량은 16~18% 감소하게 된다. 이로 인해 로스팅의 향이 강해지고, 쌉쌀한 쓴맛이 도드라지게 된다.

☕ 4. 냉각 단계

로스팅이 완료된 원두의 온도를 빠르게 식히는 공정이다. 냉각이 지연될 경우 향기가 감소되고 쉽게 산패하기 때문에 최대한 빠르게 냉각하는 것이 가장 좋다. 냉각 방법에는 물 냉각과 공기 냉각 방법이 있다. 물 냉각은 물을 분사(퀀칭)하여 커피 온도를 빠르게 낮추는 방법이고, 공기 냉각은 차가운 공기를 순환하여 온도를 낮추는 방법이다.

로스팅 단계별 특징

☕ 색깔에 따른 구분

생두	• 청녹색, 수분 함유율은 10~12%, 매우 단단함
건조	• 수분이 증발하기 시작했지만 향미가 없는 상태
옐로잉	• 생두가 볶아지기 시작하는 단계, 건초 향 • 노란빛을 띠기 시작함
라이트 로스트	• 색도는 매우 연한 갈색을 나타냄 • 신맛이 강하고 곡류 맛이 나며, 볶은 콩의 표면은 건조함
시나몬 로스트	• 로스팅을 시작 후 생두의 색이 계피색을 띠게 됨 • 크랙이 일어나기 전으로 산미가 날카롭고 지푸라기 냄새가 남 • 상큼한 맛이 강해짐
뉴잉글랜드 로스트	• 1차 크랙 시작 • 로스팅되는 동안 커피 원두는 프로세스의 다양한 단계를 설명하는 크랙 소음을 내는데, 수분이 증발하고 콩이 팽창하며 깨지는 소리이다. • 스페셜티 커피용으로 산뜻한 산미를 이끌어 냄

미디엄 로스트	• 1차 크랙 중~후반 • 색도는 미디엄 브라운을 나타냄 • 바디가 묵직해짐 • 신맛이 줄어들고 단맛이 나기 시작하며, 향기와 중후함이 증가함
시티 로스트/ 시티 플러스	• 1차 크랙 종료 및 2차 크랙 직전 • 단맛이 높음 • 상큼한 맛은 약간 약해지며, 향기와 중후함은 더 풍부해짐 • 달콤하고 쌉쌀한 맛이 나타남
풀시티 로스트	• 다크 브라운이 됨 • 2차 크랙이 시작되는 시점 • 풀바디, 신맛은 거의 없어지고 쓴맛과 진한 맛이 커피 맛의 정점에 올라서는 단계로, 아이스커피 용도로 사용할 수 있음 • 커피 표면은 약간의 오일이 배어 나오는 단계임
프렌치 로스트/ 이탈리안 로스트	• 2차 크랙 종료 • 바디감과 쓴맛이 강하고, 에스프레소 용 • 오일이 표면에 보이기 시작하는 단계로, 원두는 검은 갈색이 됨 • 진한 흑갈색을 나타냄, 다크 로스팅 • 쓴맛과 진한 맛이 최대치에 달하게 됨 • 탄 느낌이 전반적으로 커피 향미를 지배함 • 밀크베이스 에스프레소 음료에 사용함

로스팅 정도는 로스팅의 가장 중요한 지표 중 하나로, 색도계와 맛으로 측정할 수 있다. 일반적으로 라이트 로스팅 커피는 더 산성이고, 다크 로스팅 커피는 더 쓰다. 또한 과일 향은 라이트 로스팅에서 더 일반적이며, 로스팅 및 탄 풍미는 다크 로스팅 커피에서 더 일반적이다. 라이트 로스팅 커피는 다량의 유기 화합물인 5-하이드록시메틸푸르푸랄로 인해 과일 향이 더 강하다. 로스팅이 더 진행되면 이 화합물은 과일 향은 감소하고, 유황 화합물의 양이 증가하여 로스팅 및 탄 풍미를 생성한다.

☕ SCA의 아그트론 넘버

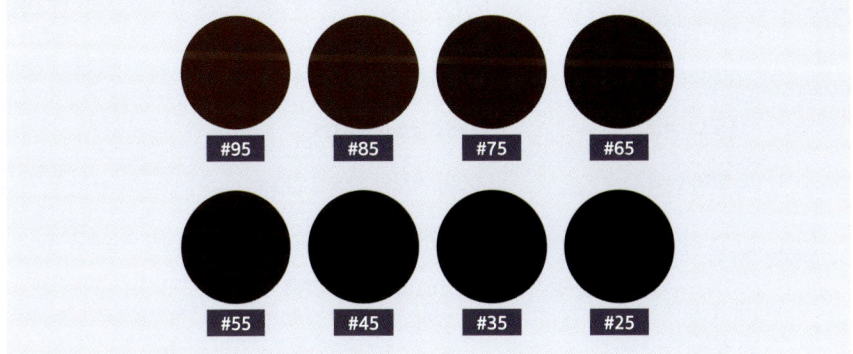

SCAA(미국전문커피협회)는 분쇄 커피의 로스트 분류를 위한 8가지 색도 표준으로 분류한다. 각각의 단계에 해당하는 아그트론 넘버(Agtron No.)를 기준으로 하며, 아그트론 넘버는 분석 기계를 통해 과학적으로 측정한다. 아그트론 넘버는 커피 색도계 제조업체인 아그트론 사에서 제시한 로스팅 컬러 수치를 의미한다. 75+ 아그트론(Agtron) 이상은 라이트 로스트, 55 아그트론 미만이 다크 로스트를 의미한다.

☕ 로스팅 시간에 따른 커피 특징 변화

로스팅 중 첫번째 변화는 신맛의 감소이다. 그 다음으로 향기 성분이 증가하다가 감소하며, 그 다음으로 단맛이 감소한다. 너무 빨리 멈추면 바디감이 부족하고, 로스팅이 과하면 쓴맛과 탄내가 증가할 수 있다. 생두의 특성과 맛의 구현에 따라 적당한 시간이 로스팅의 핵심이다.

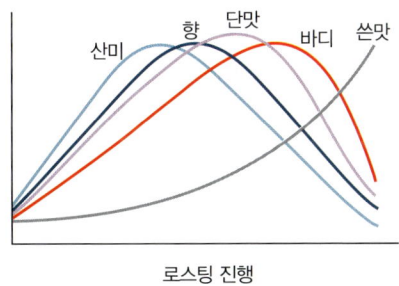

로스팅으로 인한 변화

컬러의 변화		• 그린빈, 옐로우, 갈색
부피의 변화		• 부피 팽창 50~60%
질량의 변화		• 질량의 감소 15~20%
향의 변화		• 800여 가지의 휘발성 향물질
화학적 변화	마이야르 반응	• 단백질의 변화를 일컫는 갈변 현상(Maillard reaction)
	캐러멜화 반응	• 자당(Sucrose)의 열분해 현상

로스팅 프로파일

- 생두 투입 후 드럼 내부의 온도는 생두의 흡열 반응에 의해 건조되어 수분 함량이 줄어 들고 온도가 급격하게 내려간다. 이를 터닝 포인트라고 한다. 그와 동시에 생두의 온도는 급격하게 상승하는 전환점이 된다.

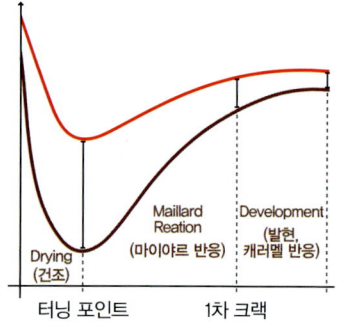

- 1차 크랙 때 콩이 수분을 방출할 수 있고, 그렇게 함으로써 드럼 내부의 온도를 변화시키기 때문에 콩 내부에서 일어나는 화학적, 물리적 변화로 인해 급격하게 변한다. 1차 크랙은 원두가 일반적으로 약 196℃에서 발열 반응에 들어갈 때 발생하는 갈라지는 소리이다. 이 단계에서 팽창하기 시작하고 축적된 에너지, 증기 및 이산화탄소(CO_2)를 방출하여 원두를 갈라지게 하고, 커피 크기가 두 배가 되면서 대부분의 은피가 벗겨진다. 1차 크랙은 커피가 라이트 로스팅의 시작 단계에 도달했음을 알리는 것으로, 향과 풍미 발현의 중요한 부분이다.

특히, 각 단계의 지속 시간은 커피의 맛에 영향을 끼친다. 건조 단계의 지속 시간은 산도와 바디에 영향을 미치는 반면, 마이야르 단계의 지속 시간은 커피의 단맛과 캐러멜화에 영향을 끼친다.

- **마이야르 반응** : 프랑스 화학자 마이야르(Louis camille maillard)가 1912년 발견해 공표한 화학 반응이다. 당과 아미노산이 반응해 만들어지는 향과 색이 생성되는데, 아미노산에서 알데히드가 생성되어 향, 색소, 풍미 화합물이 만들어진다. 열은 탄수화물과 아미노산 사이에 반응을 일으키며, 이로 인해 색상, 향 및 맛이 변화한다. 콩을 갈색으로 변화시키고 풍미와 바디를 생성한다.
- **캐러멜 반응** : 열로 인해 크고 복잡한 탄수화물이 물에 용해될 수 있는 더 작은 당 분자로 분해되어 단맛이 증가한다. 170~200℃에서 커피의 자당은 캐러멜화되기 시작하고, 커피의 짙은 갈색은 커피 속 자당의 캐러멜화와 관련이 있다. 적절한 시간은 단맛이 증가하여 산미와 밸런스를 주고, 캐러멜과 같은 달콤한 풍미가 풍부해진다. 그러나 로스팅 시간이 더 길수록 쓴맛이 강해질 수 있다.

로스터가 어느 정도까지 로스팅 할지는 생두의 특성, 산지의 특성을 고려해야 하며, 궁극적으로 어떤 맛과 향미를 원하는지에 따라 다르다.

1 환경 온도 프로파일
로스터기 드럼 내부의 공기 온도를 체크하여 만들어진 그래프이다.

2 빈 온도 프로파일
볶고 있는 생두의 표면 온도를 안에 있는 센서로 체크하는데, 실제로는 대부분 콩이 모여있는 곳에 프로브를 배치하여 체크한 것이다.

3 RoR(상승률)

RoR(Rate of Rise)은 로스팅하는 동안 단위 시간당 원두 온도의 진행을 나타낸다. 원두는 로스팅이 시작될 때 빠르게 가열되고, 로스팅이 진행될수록 더 천천히 가열된다. 지속적으로 감소하는 RoR은 안정적인 로스팅이 된다. RoR은 로스팅 중 어느 시점에서든 콩의 온도가 상승하는 분당 온도(때로는 30초에 걸쳐 측정됨)이다. 따라서 RoR은 빈 온도 곡선이 어떻게 작동  하는지에 대한 통찰력을 제공해 준다. 예를 들어, 1차 크랙 이후 RoR은 일반적으로 감소하고, 로스팅이 끝날수록 그래프가 더 완만해지기 때문에 빈 온도가 증가하는 것을 볼 수 있다. 1차 크랙 이후 RoR이 증가하면 단맛이 부족한 커피가 될 수도 있으니 주의해야 한다.

로스팅 공정

① 수분 함량, 품종, 크기, 밀도 등에 대한 생두의 특성을 파악한다.

② 초기 투입 온도와 로스팅 단계를 사전에 결정한다. 생두의 밀도, 수분 함량, 원산지별 특성 등을 고려하여 투입 온도를 결정하고 로스팅 설계를 한다.

③ 사용할 생두에서 결점두를 핸드픽하여 제거한다.

④ 로스터기를 충분히 예열시킨다. 예열을 할 때에는 낮은 온도부터 시작하여 약 210℃까지 천천히 온도를 올려주면서 드럼 내부의 온도 편차를 줄이기 위해 최소한 20~30분 이상 예열해야 한다.

⑤ 생두를 호퍼에 넣고 투입한다. 생두의 투입 후 드럼 내부의 온도는 생두의 흡열 반응에 의해 수분 함량이 줄어 들고 온도가 급격하게 내려가는 터닝 포인트 지점이 있으며, 그와 동시에 생두의 온도는 급격하게 상승한다.

⑥ 생두 내부의 수분이 감소하고, 열분해 반응이 시작되면서 색의 변화가 일어난다. 로스팅 단계별 모니터링을 한다. 커피 조직이 급격하게 팽창하면서 소리를 일으키며, 1차 크랙이 난다. 1차 크랙을 지나면 산뜻한 산미는 감소하고, 바디감이 증가한다.

⑦ 원하는 포인트 배출과 최대한 빠르게 냉각시킨다. 로스팅을 조금 더 진행하면 더 짙은 갈색으로 변하고 작은 소리가 나는 2차 크랙이 시작된다. 2차 크랙이 진행되면 커피의 상태가 급격하게 변화를 일으키기 때문에 로스팅 포인트가 매우 중요하다. 로스팅 과정이 끝나면 배출된 원두를 차가운 공기를 이용하여 빠르게 냉각한다.

⑧ 마지막으로 원두에서 이물질이나 결함 및 불량 원두를 제거한다.

더 맛있는 커피를 위한 몇 가지 방법

1. 디게이징
2. 드립 방식으로 추출시 고려사항
3. 브루잉
4. 여러 가지 추출 도구
5. 에스프레소 추출과 크레마

맛있는 커피의 조건은 결점두가 없는 양질의 생두에 배전 후 디게이징한 커피, 그리고 갓 분쇄하여 바로 추출한 커피이다. 일단 원두를 분쇄하면 향기가 급속하게 휘발되고 산화가 진행된다. 따라서 커피를 마시기 직전에 원두를 분쇄하면 신선하고 풍미가 좋다.

디게이징

디게이징은 로스팅된 커피 원두에서 가스(이산화탄소)가 빠져나가는 기간을 의미한다. 이 과정은 로스팅 과정이 끝난 직후에 시작되며, 며칠 동안 지속될 수 있다. 로스팅 직후에 커피를 추출하는 것이 좋지 않은 이유는 대부분의 빠져나가는 가스로 인해 커피를 추출할 때 작은 기포가 생길 수 있는데, 이 가스는 커피와 물 사이의 접촉을 방해하여 커피 추출이 잘 안되고 향미를 약하게 만들 수 있기 때문이다. 푸어 오버와 같은 침지 또는 드립 방식으로 커피를 추출하는 경우, 원두를 로스팅한 후 2~3일에 빠르게 사용할 수 있다. 이는 추출 시 커피가 물과 접촉하는 시간이 더 많기 때문이다. 반면에 에스프레소의 경우 접촉 시간이 매우 짧기 때문에 최소 5~7일 정도 후에 사용하는 것이 좋다.

드립 방식으로 추출시 고려사항

- 원두가 다크 로스팅 되어 쓴맛이 강하다면 분쇄도를 굵게 하여 쓴맛을 약하게 한다. 이렇게 하면 신맛이 강해지고, 쓴맛은 감소한다. 또는 물의 온도를 좀 낮추고 추출량을 많게 할 수 있는데, 일반적으로 물의 온도가 낮을수록, 추출

- 량이 많을수록 신맛이 강해질 수 있다.
- **분쇄도** : 수율에 영향을 주기 때문에 일정한 규정이 있는 편이 좋다. 커피가루의 굵기에 따라 물이 가루를 지나가는 속도가 달라지고, 이 속도를 측정하면서 그라인더를 조작해 분쇄도를 맞춰 나간다.
- **원두와 물의 양** : 커피와 물의 권장 비율은 1:15, 보통 원두 15g에 물 250g
- **물의 온도** : 로스팅 강도에 따라 조절. 다크 로스팅 원두는 조금 더 낮은 물 온도에서, 라이트 로스팅 원두는 높은 물 온도로 내리는 것이 좋다.
- **물의 종류** : 커피 추출에 이상적인 TDS 범위는 75-250ppm이다.
- **추출 시간** : 전체 2분 20~30초 안, 뜸 들이기는 30~40초
- **로스팅(배전도)** : 로스팅 정도는 커피를 고르는 가장 중요한 기준이다. 생두를 약하게 볶을수록 커피 본연의 향미와 산미가 선명해지고, 생두에 열을 가할수록 로스팅 풍미가 더해지면서 쓴맛과 고소한 맛이 느껴진다.

☕ 로스팅에 따른 물의 온도

- **95℃ 이상(라이트 로스팅)** : 물 온도가 너무 높아 거품이 발생해서 표면이 갈라지며, 뜸들이기를 충분히 한다.
- **95℃ 초반(라이트 로스팅)** : 물 온도가 조금 높아 맛이 강하고 산미가 감소된다.
- **84~87℃(다크 로스팅)** : 낮은 온도는 쓴맛을 억제하고 산미를 제공한다.
- **76℃ 이하** : 너무 낮아 맛이 충분히 추출될 수 없으며, 뜸들이기가 불충분해진다.

☕ 로스팅 후

- **로스팅 직후의 콩(활발한 CO_2)** : 90℃ 이상의 뜨거운 물을 부으면 뜸들이기 상태를 만들 수 없고, 맛이 약해진다.

- **로스팅 후 2주간 상온 보관된 콩** : 원두를 분쇄하지 않더라도 로스팅 후 2주 이상 지난 원두는 신선도가 떨어져 잘 부풀지 않는다. 이럴 경우 고온 추출이 필요하다.

드립 시 물 붓는 위치는 가루 면보다 3~4㎝ 높은 높이에서 떨어뜨리고, 가루 면에 수직으로 떨어뜨린다. 너무 높을 경우는 물에 공기가 섞여 물줄기가 흐트러져 가루가 섞이고 하얗게 된다. 반면에 너무 낮을 경우 물줄기가 굵고 강해서 옆에 있는 가루까지 섞일 수 있으며, 부풀림이 감소하고, 가운데 물이 고이게 되어 뜸을 제대로 들이기 어려울 수 있다.

브루잉

☕ 브루잉 추출

브루잉 커피는 필터의 커피에 뜨거운 물을 부어 커피를 추출하는 방법으로, 약 98%의 물과 커피에서 나오는 1~1.5%의 용해된 고형물로 만들어진다. 추출은 3단계를 거친다. 첫 단계인 블룸은 소량의 뜨거운 물이 커피의 입자들을 적시는 과정이다. 로스팅하는 동안 가스는 커피 원두 내부에 갇혀있다. 커피 원두가 물과 만나 커피 입자들 사이에 있는 가스를 방출시키고, 입자 속에 있는 가용성 성분을 미리 녹여서 본 추출이 시작될 때 가용성 성분을 빠르고 균일하게 추출하기 위해서이다. 커피를 추출할 때 원두에 물을 부어 뜸을 들인다. 신선한 커피일수록 가스가 많기 때문에 부풀림이 크다.

본 추출 과정은 입자 속의 가용성 고형분이 물에 용해되는 단계이다. 각각의 화학 물질이 다른 지점에서 추출되기 때문에 물 온도와 추출 시간을 조절하여 원하는 컵을 만들 수 있다.

마지막 단계에서 커피의 쓴맛과 기타 불쾌한 맛을 빠르게 방출하기 때문에 물 온도와 추출 시간에 주의한다. 과도할 경우 불쾌한 맛을 낸다.

☕ 드립 순서

① 그라인더는 드립 입자에 맞게 준비한다. 이때 그라인더는 깨끗하게 청소하고, 이전에 남아 있던 원두와 섞이지 않게 소량의 사용할 원두만 넣어서 남아 있는 기존의 원두를 제거해 준다.

② 커피를 계량하여 분쇄한다. 입자를 확인 후 분쇄도를 조절하는데, 드립일 경우 천일염과 같은 굵기로 거칠게 분쇄한다.

③ 드립퍼와 필터 준비를 한다. 커피가루와 물을 분리시켜야 하므로 필터를 사용한다. 필터는 커피가루를 계류시키는 여과 기능을 한다. 필터의 종류에는 종이 필터, 영구 필터(금속 재질), 융 필터가 있다. 드립퍼에 필터를 끼운다. 일반적으로 필터를 사용하는 경우, 추출을 진행하기 전에 필터와 드립퍼에 뜨거운 물로 살짝 부은 다음, 서버의 물을 버리는 것이 좋다. 이렇게 함으로써 필터의 향을 제거하고, 드립퍼를 따뜻하게 데울 수 있다. 분쇄된 커피를 필터에 넣고 가볍게 두드려서 커피 원두 표면의 수평을 맞춘다. 드립퍼를 서버 위에 올려 놓고 디지털 저울에 놓고 0점에 맞춘다.

④ 물을 부어 준다. 물은 추출하기에 적정한 온도로 맞추고, 드립퍼에 부어 주기를 반복한다. 다음과 같이 수행하면서 여러 번 물을 부어준다.

(1) 타이머를 시작한다.

(2) 커피 위에 천천히 물을 붓기 시작한다.

(3) 중앙에서 시작하여 가장자리를 향해 일정한 나선형을 그리며 다시 돌아온다.

(4) 저울이 60g에 도달하면 물 붓기를 멈춘다.

(5) 물 붓는 데 약 15초가 걸린다.

(6) 뜸들이기를 한다.

(7) 다음 단계로 넘어가기 전에 커피가 피어날 수 있도록 30초를 기다린다.

⑤ 뜸들이기는 매우 중요하다. 뜸을 잘 들여야 커피 성분이 원활하게 뽑혀 맛있는 커피를 만들 수 있기 때문이다. 커피에 처음 물을 부어 뜸을 들이게 되면 가루 전체에 물이 고르게 퍼지게 되고, 커피 입자가 물을 흡수하여 수용성 성분이 용해되어 추출을 원활하게 만든다. 물을 부어 줄 때는 가운데에서 시작하여 가장자리를 향해 나선형을 그리면서 반복한다. 커피가루는 물에 다 적셔지고 커피입자는 부풀어지면서 가스를 방출시킨다. 약 30초간 뜸을 들인다.

⑥ **1차 추출** : 뜸을 주게 되면 어느 순간 팽창이 멈추고, 약 30초 후 1차 추출을 시작한다. 추출이 멈추게 되면 다시 수축하여 물을 부어 주어도 잘 주입이 되지 않으므로 뜨거운 물이 다 내려가기 전에 부어서 일정한 속도를 유지한다. 1차 추출을 위해 물을 주입하면 커피가 다시 팽창하면서 추출이 이루어진다. 중앙에서 시작하여 바깥쪽 가장자리를 향해 일정한 나선형으로 부은 다음, 다시 중앙을 향해 붓는다.

⑦ **2차 추출** : 두 번째 부은 물과 커피의 혼합물이 필터 바닥으로 떨어지고, 커피 찌꺼기 높이에 가까워지면 두 번째 부은 것과 동일한 패턴을 사용하여 물을 추가로 붓는다. 약 15~20초가 걸린다.

⑧ **3차 추출** : 세 번째 부은 물과 커피가 필터 바닥으로 떨어지면 마지막으로 물을 부어서 완료한다. 이때 붓는 데 약 20초가 걸린다. 반복적인 물 붓기를 통해 원하는 용량의 물 붓기를 진행하고, 조금 굵은 물줄기를 빨리 부어서 떫은 맛이 나지 않게 한다. 원하는 양만큼 물 붓기를 한 후 추출을 마무리한다. 추출 방식에 정석은 없으며, 개인의 취향에 따라 커피를 추출하는 방법은 다양할 수 있다.

4 여러 가지 추출 도구

☕ 프렌치프레스

프레스를 눌러 커피가루와 커피액을 분리하는 도구이다. 굵게 분쇄한 커피가루를 포트에 넣고 뜨거운 물에 잠기게 한다. 물 1리터에 커피가루 60~70g을 사용한다. 스푼으로 저어주고 뚜껑을 끼운 후 4분을 기다린다. 약 1분이 지난 뒤에 커피를 저어주어 균일하게 추출하게 하고, 블룸을 중단시킨다. 4분이 되면 포트의 핸들을 잡고 필터를 천천히 눌러서 커피가루를 가라앉히게 하여 추출하여 완성한다. 커피가루가 물로 퍼져 나가지 않게 하기 위해서 굵게 분쇄한다. 프렌치 프레스는 홍차를 우려 마시기도 하고, 우유 거품을 낼 때도 사용한다.

☕ 사이펀

마치 실험실 도구 같다. 원래 명칭은 베쿠엄 브루어(Vacuum brewer)이다. 사이펀 커피는 1840년대 프랑스의 주부와 스코틀랜드의 해양 기술자에 의해 거의 동시에 발명되었다.

플라스크 안이 진공상태가 되어 커피가 필터를 통해 플라스크에 떨어지게 된다. 고온에서 단시간에 한꺼번에 추출하기 때문에 향이 진하다. 일반적으로 사이펀에는 두 개의 챔버 시스템이 있다. 하단 플라스크(물을 채우는 곳)와 필터가 있는 상단 챔버(커피가루를 넣는 곳)이다. 하단 챔버에서 물을 끓이면 유리관을 통해 상단 챔버로 이동하여 커피를 용해시킨다. 열원을 제거하면 진공이 생성되어 추출된 커피가 필터를 통해 다시 아래로 떨어지면 하단 챔버에 추출 여과된 커피가 남고, 상단에는 사용된 커피 찌꺼기가 남는다.

추출 방식은 아래쪽 플라스크에 물을 붓고, 알코올 램프로 물을 끓인다. 비등한 시점에 위쪽 로드에 커피가루를 넣어 연결시킨다. 출구가 막힌 뜨거운 물은 가열하고 팽창하면서 파이프를 통해서 강제로 위로 올라가 커피가루가 있는 로드로 이동하고, 커피가루와 섞이게 되어 커피 성분이 용해된다. 이때 대나무 패들을 이용하여 10번 저어준다. 물이 로드 안에 보내졌을 때 램프를 끄면 플라스크 안은 진공 상태가 되고, 필터에 여과된 커피액이 일제히 플라스크 안에 떨어지게 되면서 추출된다. 일본에서 많이 사용하는 도구이다.

☕ 에어로프레스

공기 압력으로 커피를 추출하는 도구이며 프렌치 프레스와 마찬가지로 물에 커피가루를 넣고 우리는 방식이다. 에어로프레스는 내구성이 좋으며, 세척이 편리하여 휴대가 가능하다. 소량의 진한 커피 추출에 좋다. 추출 방식은 전용 필터를 넣은 캡을 체임버 바닥에 끼우고 커피가루 17g에 80~90℃의 물 225ml을 부어준다. 10초간 커피가루를 담가두고, 이어 10초간 저어준 후 플린저를 본체에 연결한다. 에어로프레스를 머그잔 위에 올려놓고 1~2분 후 커피가 모두 추출될 때까지 플린저를 천천히 눌러주는데 이때 강도와 속도를 조절한다. 에어로프레스 방식은 공기압을 가하기 전에 분쇄한 커피에 물을 붓고 30초 정도 기다린다. 압력을 가해 미세필터로 여과시키는데 약 20초 걸린다. 커피가 물에 완전히 잠기는데다 공기압까지 가해져 원하지 않은 향미 추출에 주의한다.

▲ 에어로프레스
(한국총판 파워콜 제공)

☕ 모카포트

1933년 알폰소 비알레띠(Alfonso Bialetti)에 의해 개발되었다. 가정에서 에스프레소를 즐길 수 있는 추출 기구이다. 끓는 물의 증기압력을 통해 상단으로 물이 올라가는 과정에서 커피 층을 통과하여 커피가 추출되는 원리이다. 즉, 끓는 물이 증기로 바뀌어 커피가루를 지나고 높은 압력에 향미가 추출된다.

에스프레소 추출과 크레마

☕ 커피 추출 방식

커피 추출의 방식에는 크게 3가지가 있다. 드립 방식, 터키 커피로 대표되는 보일링 방식, 에스프레소 방식이다. 터키식 커피는 가장 오래된 추출 방법으로, 끓는 물에 커피가루를 넣어 같이 끓이는 달임식 추출 방법이다. 여과를 하지 않기 때문에 커피입자를 매우 곱게 분쇄한다. 에스프레소는 이탈리아어로 '빠르다'에서 유래되었다. 빠르게 내리고 바로 서빙되어 붙여졌다고도 한다.

☕ 에스프레소

카페의 가장 기본 메뉴가 에스프레소이다. 원두의 입자도 일반 커피보다 더 가늘고 곱게 분쇄한다. 약 9기압 정도의 증기를 투과시켜야 하므로 에스프레소용 머신을 사용한다. 라떼, 아메리카노와 같은 메뉴를 제조하기 위해 가장 기본적으로 추출하는 것이 에스프레소이다. 분쇄한 원두(1인분 7~9g)를 홀더에 담아, 탬퍼로 균질하게 채우고 탬핑을 하여 균질하게 다진다. 9bar 높은 기압을 이용하기 때문에 커피에서 불용성 오일과 풍성한 향이 나오고 크레마를 생성한다. 90℃~95℃ 고온의 물로 23~28초 동안 추출한다. 추출량은 약 25~30ml가 이상적이다.

에스프레소 머신은 20세기 초반 이탈리아 밀라노에서 개발되었다. 당시 에스프레소는 순수하게 수증기의 압력으로 추출되었다. 1884년 이탈리아 안젤로 모리온도(Angelo Moriondo)는 에스프레소 머신에 대한 특허를 승인받았다. 1901년 이탈리아 루이기 베제라(Luigi Bezzera)는 증기압을 이용해 커피를 추출하는 에스프레소 머신을 특허(no. 153/94, 61707) 받았다. 1905년 이 특허를 이탈리아의 파보니(Pavoni)가 사들여 사업적으로 성공하게 되었는데, 초기 모델은 추출 압력이 1.5기압 정도 가해지는 머신이었다고 한다. 이후 1946년 아낄레 가찌아(Achile Gaggia)가 기존의 증기압 머신을 개조하여 피스톤 레버형 커피 머신으로 만들어, 현재 에스프레소 기계와 동일한 추출 방식을 사용하기 시작했다.

☕ 에스프레소의 특징

에스프레소는 여과식 커피보다 농도가 짙다. 뿐만 아니라 빠르게 커피를 추출하기 때문에 카페인 함량이 적은 편이다. 에스프레소용 커피는 드립 커피보다 강배전하여 사용한다. 9기압의 압력을 이용한 머신을 사용하여 추출하는데, 뜨거운 물을 가압하여 곱게 분쇄된 커피층을 통과시켜 수용성 성분과 지용성 성분까지 추출한다. 맛이 진하며 맨 위는 크레마(Crema)라는 거품층이 생성된다.

☕ 에스프레소의 종류

에스프레소는 추출 비율에 따라서 다양한 이름으로 부른다. 리스트레토 에스프레소는 1:1~1:1.5, 일반 에스프레소는 1:1.5~1:2.5, 룽고 에스프레소는 1:2.5~1:3 이상을 의미한다.

1 리스트레토 = 1:1~1:1.5 비율

추출 시간 = 15~18초, 쇼트샷 = 15ml~25ml

농축, 풍부한 향, 추출 시간 단축으로 인해 쓴맛이 감소된다.

리스트레토는 분쇄 커피에 비해 에스프레소의 양이 가장 적기 때문에 상당히 점성이 있고 식감이 무겁다. 리스트레토 스타일 샷은 더 진하게 로스팅된 커피와 잘 어울리며, 달콤하고 초콜릿 향을 강조한다. 우유의 양에 따라 커피의 풍미가 살아나기 때문에 라떼나 카푸치노와 같은 음료로 좋다.

2 일반 에스프레소 = 1:1.5~1:2.5 비율

추출 시간 = 25~30초, 레귤러샷 = 30ml

일반적으로 일관되고 균형 잡힌 부드러운 맛이다.

노멀 에스프레소, 즉 우리가 표준 에스프레소라고 생각하는 것은 비율 측면에서 중간 지점이다. 1:1.5~1:2.5의 비율로 이는 리스트레토보다 더 미디엄 바디 질감이다.

3 룽고 = 1:2.5~1:3 비율

추출 시간 = 60초, 롱샷 = 130~170ml

가벼운 바디감, 가벼운 풍미, 추출 시간이 길어지기 때문에 쓴맛이 강조된다. 룽고는 싱글 오리진 커피를 뽑았을 때 주로 사용한다. 컵의 액체가 더 많기 때문에 라이트 바디이다.

☕ 에스프레소 추출 기준

항목	일반	WBC 기준
커피량(g)	7~8g (1잔)	
추출 시간(초)	25 ± 5	25 ± 5
물의 온도(℃)	약 90~95℃	90.5~96℃
추출량(㎖)	25 ± 5	30 ± 5
추출 압력	8~10Bar	9 ± 0.5Bar

- 추출 시간 30초 이상일 경우 : 분쇄가 매우 곱거나 탬핑이 강할 경우 나타난다.
- 추출 시간 20초 이하 : 분쇄가 매우 굵거나 탬핑이 약할 경우 나타난다.
- 추출액이 너무 많았다면 유속이 빨랐기 때문이며, 분쇄도를 더 가늘게 해서 추출 또는 탬핑을 강하게 조절해 본다.
- 추출액이 너무 적었다면 유속이 너무 느렸기 때문이며, 분쇄도를 더 굵게 해서 추출 또는 탬핑을 약하게 조절해 본다.

☕ 크레마

크레마는 커피에서는 에스프레소 거품을 지칭한다. 에스프레소 머신 추출과 같은 고압 추출 방법으로만 크레마가 생성되고, 얇은 표면층에 조밀한 기포들의 조합이다. 풍성하고 부드러운 크레마는 원두에서 빠져나오는 이산화탄소와 높은 압력에서 발생하는 수천개의 작은 거품들에 의해 만들어진다. 거품은 멜라노이딘으로 싸여져 있어 잘 깨지지 않고 유지될 수 있다. 색상은 적갈색으로 호랑이 반점, 호피 무늬를 띈다. 농도가 짙고  촉감이 부드러우며, 윤기가 있고 조밀도가 안정적이다. 이상적인 에스프레소 크레마는 너무 두껍거나 얇지 않아야 한다(2~4mm). 크레마가 약해지기 전에 마시는 것이 좋으며, 라떼를 제조할 때는 스팀 우유를 10초 이내에 추가하면 좋다.

크레마에 영향을 끼치는 것에는 가공 방식, 품종, 추출 시 압력과 온도 등이 있다. 크레마는 질감과 향미를 풍성하게 만들어주고 신선한 원두임을 알려주는 지표이다. 로스팅한지 오래된 콩은 가스 발생이 적기 때문에 크레마 생성이 약하다. 일반적으로 워시드 보다는 내추럴 가공 방식이 더 많이 크레마를 생성하고, 로부스타가 아라비카보다 더 많은 크레마를 생성한다.

- 두께가 얇고 지속성이 없는 크레마의 원인은 너무 거친 분쇄도, 너무 적은 커피의 양, 기계의 압력이 너무 낮거나, 커피가 너무 오래되었거나, 물 온도가 너무 차가울 경우이다.
- 진하고 고르지 않으며 거품이 많은 크레마는 너무 곱게 분쇄하였거나 커피 양을 너무 많이 사용하였을 경우, 또는 너무 세게 탬핑되었거나 사용된 물이 너무 뜨거웠음을 나타낼 수도 있다.

Chapter 03

더 맛있는 커피를 위한 몇 가지 방법

Chapter 04

아몬드 크림을 이용한 레시피와 체리파이

1. 아몬드 크림(크렘 다망드, Crème d'amande)
2. 아몬드 크로아상(Almond croissants)
3. 앙크로아상
4. 보스톡(Bostock)
5. 초코 크로아상(Choco croissant)
6. 팽 페르뒤(Pain Perdu) - 클래식 프렌치토스트
7. 타르트 오 푸와르(Tarte aux poires)
8. 포마주 블랑 타르트
9. 타르트 클라푸티(Tarte clafoutis) - 체리 파이

1
아몬드 크림 (크렘 다망드, Crème d'amande)

아몬드 크림은 아몬드 가루, 버터, 설탕, 계란, 밀가루를 함께 섞어서 만든다. 타르트, 패이스트리를 채우는 데 사용되는 아몬드 맛 크림이다.

아몬드 크림을 필링으로 사용하는 레시피는 다양하다. 크로아상 속을 채워서 아몬드 크로아상에 조린 사과를 넣어 애플파이를 만들 수 있다. 타르트 속에 채워서 굽고 푸아르(서양배)를 올려주면 근사한 타르트 오 푸아르를 만들 수 있다. 이처럼 아몬드 크림은 다양한 디저트의 충전재로 사용된다. 맛있고 쉽게 만들 수 있는 레시피로 맛을 보면 누구나 좋아지는 맛이다.

재료 소개

- 아몬드 가루 … 500g
- 설탕 … 500g(또는 바닐라 슈가 500g)
- 무염 버터 … 500g, 박력분 … 75g
- 계란 … 420g
- 럼 … 2 티스푼, 바닐라빈 … 2개

만드는 법

1 아몬드 가루와 밀가루를 채친다.

2 버터는 말랑말랑한 포마드(크림) 상태로 만든다.

3 설탕을 넣어준다.

4 고속으로 휘핑하여 하얗게 크림화 시킨다.

5 실온 상태의 계란 온도를 버터 온도와 맞춘다.

6 계란을 2~3번 나누어 넣어주고 고속으로 휘핑한다.

7 아몬드 가루와 밀가루를 넣는다.

8 럼을 넣고 섞어준다.

9 **아몬드 크림 완성 :** 바로 사용하지 않을 경우 냉장고에서 꺼내 실온 상태에서 휘핑하여 부드러운 크림 재형으로 만든 후 사용한다.

아몬드 크로아상 (Almond croissants)

플레인 크로아상은 단맛은 없지만, 버터의 풍미가 좋아 주로 아침 식사에 먹는다. 아몬드 크로아상은 아몬드 크림을 넣어서 구운 빵으로 달콤하다. 재료도 간단해서 크로아상과 아몬드 크림만 있으면 준비 끝이다. 만들기도 쉽다.
플레인 크로아상에 아몬드 크림을 얹어서 구우면 고소하고 달콤한 크로아상을 즐길 수 있다.

재료 소개

- 크로아상
- 아몬드 크림 … 200g
- 아몬드 슬라이스
- 슈가 파우더, 시럽

시럽 재료

- 물 … 1리터
- 설탕 … 500g
- 럼 … 150ml

만드는 법

1 크로아상을 반으로 자른다.

2 반으로 자른 크로아상에 시럽을 넉넉하게 바른다.

3 ②번에 아몬드 크림을 짜 넣는다.

4 크로아상 윗면에 아몬드 크림을 올린다.

5 아몬드 크림을 펴 바른다.

6 아몬드 슬라이스를 올린다.

7 180℃ 약 20분 오븐에서 구운 후, 슈가 파우더를 뿌린다.

 시럽 만들기

1 냄비에 물과 설탕을 넣고 끓인다.

2 럼을 넣어준다.

3 알코올이 휘발하게 끓인다.

4 식혀서 준비한다.

앙크로아상

팥앙금은 앙코(餡子)라고도 하며, 달콤한 팥소이다. 직접 팥앙금을 만들어 사용하면 설탕 함량을 조절할 수 있고, 씹히는 식감을 즐길 수 있다.
앙크로아상은 팥앙금과 아몬드 크림을 혼합하여 만든 디저트이다.

재료 소개

- 크로아상
- 아몬드 크림 … 200g, 팥앙금 … 200g
- 시럽
- 통밤 조림 … 8알

만드는 법

1 아몬드 크림과 팥앙금을 준비한다.

2 잘 섞어서 앙크림을 준비한다.

3 크로아상을 반으로 자른다.

4 반으로 자른 크로아상 면에 시럽을 넉넉하게 바른다.

5 통밤 조림을 이등분하여 준비한다.

6 ④번에 앙크림을 펴 바른다.

7 ⓖ번에 이등분한 밤을 넣어준다.

8 크로아상 윗면에 앙크림을 골고루 펴 바른다.

9 아몬드 슬라이스를 올린다.

10 180℃ 약 20분 오븐에서 굽는다.

11 슈가 파우더를 뿌려준다.

4
보스톡(Bostock)

보스톡은 1~2일 지난 브리오슈를 활용하기 위해 만들어졌다고 전한다. 보스톡은 프랑스의 아침 식사용으로 유명한데, 그 유래는 프랑스 북부 지역인 노르망디이다.
브리오슈는 시럽을 바르고, 과일잼을 바르고, 아몬드 크림을 넉넉하게 바른 다음 굽는다. 윗면은 바삭하고 속은 폭신하고 부드럽다. 만들기 쉽고, 새로운 풍미의 디저트 레시피이다.

📋 재료 소개

- 브리오슈 … 1개
- 아몬드 크림, 라즈베리잼
- 아몬드 슬라이스 … 적당
- 슈가 파우더, 시럽

🥄 만드는 법

1 브리오슈를 두툼하게 슬라이스한다.
2 슬라이스 브리오슈에 시럽을 넉넉하게 바른다.

3 라즈베리잼(또는 블루베리잼)을 바른다.
4 아몬드 크림을 펴 바른다.

5 아몬드 슬라이스를 올려준다.
6 180℃ 약 18~20분 오븐에 굽는다.

7 슈가 파우더를 뿌려준다.

초코 크로아상 (Choco croissant)

초코 크로아상과 팽 오 쇼콜라(Pain au chocolat)는 같은 데니시 패이스트리로 만들어지며 초콜릿을 사용한다.

그러나 초코 크로아상과 팽 오 쇼콜라는 차이점은 있다. 크로아상 윗면에 녹인 초콜릿을 글라사주(Glasage)하여 만든 것이 초코 크로아상이다.

반면에, 팽 오 쇼콜라는 내부에 커스터드 크림과 초콜릿칩을 넣어서 굽는다.

1 초콜릿을 중탕으로 녹인다.
2 크로아상 위에 녹인 초콜릿을 부어준다(Glaçage).
3 초콜릿칩을 올려준다.
4 또는 카카오 파우더를 뿌려준다.

팽 페르뒤(Pain perdu) - 클래식 프렌치토스트

프랑스어로 '팽 페르뒤(Pain perdu)'로 번역하면 '잃어버린 빵'이란 뜻으로, 일명 프렌치토스트로 알려져 있다. 집에 있던 몇일 된 빵을 사용하여 만든 디저트로 브리오슈, 바게트, 식빵 등을 활용할 수 있다.

계란과 우유, 설탕 혼합물에 적셔 구워서 달콤하고 부드러우며, 집에서 쉽게 만들 수 있다.

재료 소개

- 브리오슈 식빵 … 1개, 레이즌 브레드 … 1개,
- 메이플시럽, 버터 … 50g (팬에 구울 때 필요)

아파레이유 재료

- 우유 … 1L, 설탕 … 225g, 계란 노른자 … 125g
- 계란 … 5개, 럼 소량, 바닐라 에센스 … 10g

아파레이유 만들기

1 냄비에 우유와 설탕을 넣는다.

2 60℃로 미지근하게 데운다.

3 계란을 준비한다.

4 잘 풀어준다.

5 풀어 둔 계란에 데운 우유를 소량 넣는다.

6 잘 섞어준다 (우유의 온도가 높으면 계란이 익을 수 있으니 주의한다).

7 데운 우유는 2~3번에 나누어서 넣는다.

8 잘 섞어준다.

9 거름망에 걸러준다.

10 혼탁한 물질은 걸러준다.

11 럼과 바닐라 에센스를 넣어준다.

프렌치 토스트 만들기

1 브리오슈, 레이즌 브레드를 슬라이스 하여 준비한다.

2 슬라이스 된 빵을 아파레이유에 충분히 적셔서 건져 준다.

3 180℃ 오븐에 약 15분 베이킹한다 (또는 팬에 버터를 넣고 굽는다).

4 슈가 파우더와 메이플시럽을 곁들여 준다(기호에 따라 잼 또는 제철 과일 을 곁들여 준다).

타르트 오 푸와르(Tarte aux poires)

타르트의 기원은 프랑스 중세 시대로 거슬러 올라간다. 1500년대에 타르트란 일반적으로 고기 속을 채운 크러스트였으며, 짭짤한 세이보리식 타르트로 귀족을 위한 고급 요리로 여겨졌다. 이러한 타르트가 진화하여 스위트한 크림, 커스터드 크림 등 충전물을 넣은 디저트로 만들어졌다.

타르트 오 푸아르는 아몬드 크림을 충전해서 그 위에 서양배 푸아르(Poire)를 얹어서 구운 클래식 타르트이다.

재료 소개

- 아몬드 크림
- 서양배(푸와르) 과일 통조림 … 1개
- 나파주
- 타르트쉘

만드는 법

1 타르트 틀보다 조금 더 낮게 아몬드 크림을 소용돌이 모양으로 짜 넣는다.

2 서양배를 슬라이스하고, 살짝 눕혀서 올린다.

3 빈 공간에 추가로 아몬드 크림을 얹고, 그 위에 아몬드 슬라이스를 올려준다.

4 20분 정도 냉장고에 휴지 후, 180℃ 30분간 오븐에 굽는다.

5 나파주를 바르고, 슈가 파우더를 뿌린다.

6 또는 큰 사이즈의 타르트쉘에 아몬드 크림과 푸아르(서양배)를 올리고 구워준다.

포마주 블랑 타르트

포마주 블랑을 사용한 무스 질감의 타르트이다. 포마주 블랑은 크리미하고 부드러운 치즈로, 지방이 거의 없는 생치즈이다.
고소하고 부드러운 식감을 위해 동물성 생크림을 사용하는 것이 좋다. 구운 후 냉장고에서 충분히 식힌 다음 맛을 보는 것이 좋다.

재료 소개

- 포마주 블랑(Fromage Blanc) … 100g
- 설탕 … 90g, 계란 … 90g, 레몬 주스 … 5g
- 동물성 생크림 … 90g, 박력분 … 9g, 타르트쉘

만드는 법

1 포마주 블랑과 설탕을 넣어준다.   2 잘 섞어준다.

3 ②번에 생크림을 넣어준다.   4 크림이 단단해질 때까지 휘핑한다.

5 레몬을 넣어준다.   6 계란을 넣고 섞어준다.

7 채친 밀가루를 넣고 섞어준다.   8 반죽을 미리 구워 놓은 타르트쉘에 부어준다.   9 180℃ 오븐에 약 25~30분 구운 후, 슈가 파우더를 뿌려준다.

9
타르트 클라푸티 (Tarte clafoutis) - 체리파이

클라푸티는 푸딩과 타르트 중간쯤 되는 파이로, 체리를 넣어서 만들어 달콤하고 새콤한 디저트이다. 따뜻하게 먹거나 또는 실온에서 모두 즐길 수 있다. 산미가 있는 커피와 음료가 잘 어울린다.

재료 소개

- 설탕 … 60g
- 박력분 … 68g(아몬드 가루 2스푼)
- 계란 … 130g, 동물성 생크림 … 70g
- 소금 … 조금, 우유 … 100g
- 씨 없는 체리 … 500g
- 버터 … 20g(틀에 바름), 슈가 파우더

만드는 법

1 박력분은 채쳐준다.

2 계란, 생크림, 우유를 섞어서 준비한다.

3 소금과 설탕을 넣어준다.

4 잘 섞어준다.

5 박력분을 넣어서 섞어준다.

6 반죽은 냉장에서 약 20분 휴지시킨다.

7 오븐용 용기에 버터를 바른다. 8 오븐용 용기에 체리를 올려놓는다.

9 반죽을 체리 위에 부어준다.

10 오븐 180℃에서 약 40~50분 구운 후, 슈가 파우더를 뿌린다.

Chapter 04

아몬드 크림을 이용한 레시피와 체리파이

Chapter 05

스콘과 인기 있는 타르트, 커스터드 크림 만들기

1. 클래식 스콘
2. 라즈베리 크림치즈 스콘
3. 커스터드 크림
4. 딸기 타르트
5. 청포도 타르트
6. 타르트 오 프뤼(과일 타르트)
7. 커스터드 크림빵

1
클래식 스콘

스콘은 영국 애프터눈티와 즐기는 디저트로 유명하며, 전통적으로 딸기잼과 클로티드 크림(Clotted cream)을 곁들여서 즐긴다. 스콘의 유래를 살펴보면 1500년대 스코틀랜드에서 시작되었다. 원래 귀리를 사용하여 만들어졌으나, 오늘날은 밀, 보리 등 다양한 기능성 가루를 사용한다.

스콘은 베이킹 파우더를 팽창제로 사용하기 때문에 빠르게 만들 수 있어 퀵브레드라고도 한다. 비스킷이나 페이스트리가 아닌 독특한 식감을 가지고 있으며, 다양하게 응용이 가능하다. 충전물과 토핑을 다양화하여 후르츠, 초콜릿 등 달콤한 스콘에서부터 치즈, 토마토, 바질, 대파 등을 넣은 짭짤한 세이보리 스콘까지 종류가 많으니, 좋아하는 맛을 찾아 스콘을 만들 수 있다.

재료 소개

- 버터 … 400g, 소금 … 13g, 바닐라 슈가 … 180g
- 계란 … 350g, 생크림 … 180g
- 베이킹 파우더 … 25g, 강력분 … 1kg
- 바닐라 엑스트라 … 1뚜껑
- 후르츠 … 200g(레이즌+크랜베리+블루베리+오렌지다이스)
- 사과 주스

만드는 법

1 드라이 재료(강력분, 베이킹 파우더, 소금)는 채친다.

2 리퀴드(계란, 생크림)는 실온 상태로 준비한다.

3 버터는 포마드(크림) 상태로 만든다.

4 ③번에 바닐라 슈가를 넣고 고속으로 올려 하얗게 크림화시킨다.

5 드라이 재료 ⅓과 리퀴드 재료 ½을 넣고 섞는다. 비터로 3번 정도 돌린다.

6 나머지를 모두 넣고 손으로 가볍게 섞어준다. 글루텐 형성을 막기 위해 반죽을 오래 하지 않는다.

7 전처리된 후르츠를 넣어서 가볍게 섞어준다(후르츠는 사과주스를 넣고 조려서 준비한다).

8 밀대를 이용하여 접어준다.

9 3번 접어준다.

10 냉장고에 휴지시킨다(하루 전날 반죽을 냉장고에 휴지).

11 알맞은 모양으로 제단하여 성형한다.

12 계란물을 바르고, 약 200℃ 온도로 20~30분 굽는다.

13 스콘은 단맛이 강하지 않기 때문에 잼을 곁들여도 좋다.

라즈베리 크림치즈 스콘

스콘의 응용 버전으로, 클래식 스콘 반죽과 동일하다.
후르츠 이외에 다양한 스타일로 만들 수 있으며, 라즈베리와 크림치즈는 정말 잘 어울린다.
라즈베리 퓨레를 사용하여 만든 필링은 잼보다 과일 풍미가 좋다.

📏 반죽 재료

- □ 버터 … 400g, 소금 … 13g, 바닐라 슈가 … 180g
- □ 계란 … 350g, 생크림 … 180g, 베이킹 파우더 … 25g
- □ 강력분 … 1kg, 바닐라 엑스트라 … 1뚜껑

🧁 라즈베리 크림 재료

- □ 라즈베리 퓨레 … 250g, 설탕 … 65g
- □ 커스터드 파우더 … 30g, 크림치즈 … 200g
- □ 분당 … 20g

🥣 만드는 법

1 드라이 재료(강력분, 베이킹 파우더, 소금)는 채친다.

2 리퀴드(계란, 생크림)는 실온 상태로 준비한다.

3 버터는 포마드(크림) 상태로 만든다.

4 ③번에 바닐라 슈가를 넣고 고속으로 올려 하얗게 크림화시킨다.

5 드라이 재료 ½과 리퀴드 재료 ½을 넣고 섞는다. 비터로 3번 정도 돌린다.

6 나머지를 모두 넣고 손으로 가볍게 섞어준다.

7 종이 포일 위에 반죽을 올려놓는다.

8 종이 포일을 이용하여 덮으면서 접어준다.

9 밀대를 이용하여 3번 접어준다.

10 냉장고에 휴지시킨다(최소 2시간 이상).

11 라즈베리 퓨레, 설탕을 넣고 끓인 다음, 커스터드 파우더를 넣고 끓인 후 식혀준다.

12 크림치즈와 분당을 잘 섞어준다.

13 원하는 모양으로 재단하여 성형한다.

14 중앙에 라즈베리 필링을 넣고 그 위에 크림치즈를 얹어준다.

15 계란물을 바른다.

16 약 200℃ 온도로 20~30분 굽는다.

17 스콘은 글루텐을 피해야 하기 때문에 반죽을 최대한 가볍게 한다.

커스터드 크림

커스터드 크림은 패이스트리 크림(pastry cream), 크림 파티씨에르(Creme patissiere)라고 하고, 일반적으로 슈크림이라고 부른다.

계란과 바닐라 빈을 사용하여 만든 크림으로, 노란색을 띠며 벨벳 같은 질감에 달콤하다. 냄비에 뜨거운 부분이 생겨 커스터드 크림이 눌러 붙지 않도록 지속적으로 저어주어 열이 고르게 분산되도록 주의해야 한다.

에클레어, 패이스트리 속에 넣거나 밀푀유, 타르트, 푸딩의 디저트류에 사용하는 가장 인기 있는 디저트 크림 중에 하나이다.

재료 소개

- 바닐라 슈가(또는 설탕) … 250g
- 우유 … 1리터, 바닐라 빈 … 1개
- 박력분 … 90g, 계란 노른자 … 6개, 계란 … 3개
- 거름망, 쿠킹랩

만드는 법

1 설탕과 박력분을 각각 2번 채치고, 우유와 설탕 1/3을 넣고 데운다.

2 바닐라 빈을 넣어준다.

3 볼에 계란 노른자와 계란을 잘 풀어준다.

4 ③번에 설탕 2/3를 넣고 강하게 섞어서 하얗게 만든다.

5 박력분을 ④번에 넣고 섞는다.

6 데운 우유를 소량씩 넣고 섞어준다 (계란이 익지 않게 우유 온도에 주의).

7 모든 우유와 계란물을 섞는다.

8 거름망에 거른다.

9 냄비에 모두 넣은 다음, 중간불로 낮추어 계속해서 저어준다.

10 걸쭉해지면 불을 끈다.

11 완성된 크림은 넓은 스텐레스 바트에 담고, 쿠킹랩을 크림에 닿도록 씌워 냉장고에 보관한다.

딸기 타르트

타르트는 토핑에 따라 다양하게 만들 수 있으며, 제철 과일을 올려서 만든 타르트가 가장 인기가 많다.

그중 딸기는 인기 과일이면서도 딸기와 커스터드 크림은 잘 어울린다. 맛있어 보이고 고급스럽게 보이기 때문에 누구나 좋아하는 타르트이다. 애프터눈 티와 잘 어울린다.

재료 소개

- 커스터드 크림 … 300g, 딸기 … 500g
- 시럽 … 2스푼, 민트 잎 … 소량
- 로즈 리큐르 … 1티스푼(옵션)
- 나파주, 슈가 파우더, 타르트쉘

만드는 법

1 타르트쉘에 시럽을 바른다.

2 타르트에 커스터드 크림을 짜 넣는다.

3 딸기를 올린다.

4 나파주를 바른다.

5 슈가 파우더를 뿌리고 민트 잎을 올린다.

청포도 타르트

요즘은 사시사철 과일을 먹을 수 있지만, 사실 청포도는 여름 시즌 과일에 해당한다. 시원하고 상큼한 청포도와 시부스트 크림은 잘 어울리는 한쌍이다.

커스터드 크림과 생크림을 섞어서 만든 크림으로, 과하지 않은 은은한 단맛과 부드러운 크림 질감이 좋다. 사용하는 크림을 다양하게 활용해 보면 재미있을 것이다.

재료 소개

- 커스터드 크림 … 100g, 생크림 35% … 200g
- 분당 … 20g, 청포도 … 500g, 시럽 … 2스푼
- 나파주, 로즈 리큐르 … 1티스푼(옵션)
- 슈가 파우더, 타르트쉘

만드는 법

1 생크림과 분당을 넣고 휘핑하여 단단한 크림을 만든다.

2 ①번에 커스터드 크림, 로즈 리큐르(옵션)를 넣고 잘 섞어준다.

3 타르트쉘에 시럽을 고루 바른다.

4 타르트쉘에 ②번의 크림을 짜 넣는다.

5 청포도를 올린다.

6 나파주를 바른다.

7 슈가 파우더로 데코한다.

타르트 오 프뤼 (과일 타르트)

타르트는 정말 쓰임새가 많아서 제철 과일을 사용하면 근사한 디저트가 될 수 있다. 안에 아몬드 크림을 넣고 그 위에 커스터드 크림을 올리면 풍미가 좋다.

재료 소개

- 커스터드 크림, 아몬드 크림
- 제철 과일, 시럽
- 로즈 리큐르(옵션), 나파주
- 슈가 파우더, 타르트쉘

만드는 법

1 타르트에 아몬드 크림을 넣고 구워 하루 전날 준비한 후, 시럽을 바른다.

2 ①번 타르트 위에 커스터드 크림을 올려준다.

3 딸기, 청포도, 블루베리 제철 과일을 올려준다.

4 과일 위에 나파주를 바른다.

5 슈가 파우더를 뿌린다.

6 기호에 따라 블루베리를 얹어 블루베리 타르트를 만들 수 있다.

7
커스터드 크림빵

슈크림 빵으로도 알려져 있다. 커스터드 크림만 사용하는 것이 아니라, 동물성 생크림으로 휘핑크림을 만들어서 블렌딩해서 고소한 단맛이 느껴진다.

재료 소개

- 브리오슈 빵, 동물성 생크림 … 180g
- 분당 … 18g, 커스터드 크림 … 250g
- 로즈 리큐르 … 1티스푼(옵션)

만드는 법

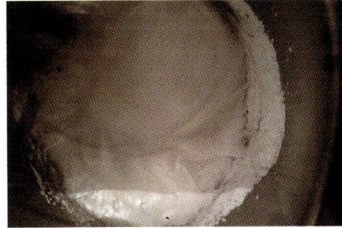

1 동물성 생크림과 슈가 파우더를 넣고 휘핑하여 단단한 크림을 만든다.

2 ①번에 커스터드 크림을 넣고 부드럽게 섞어준다.

3 브리오슈 빵을 가로로 슬라이스 한다.

4 슬라이스 된 빵 사이로 시럽을 바른다.

5 슬라이스 된 빵 사이에 크림을 짜 넣어준다.

6 넘칠 정도로 가득 크림을 넣어준다.

7 슈가 파우더를 뿌린다.

Chapter 06

카페에서 인기 있는 데니시 패이스트리

1. 바나나 데니시 패이스트리
2. 데니시 오 푸아르
3. 애플파이
4. 애플 데니시 패이스트리
5. 과일 데니시 패이스트리
6. 피스타치오 데니시 패이스트리
7. 팽 오 레이즌
8. 체리 데니시 패이스트리
9. 팽 오 쇼콜라(Pain au Chocolat)
10. 크런치 데니시 패이스트리
11. 라즈베리 데니시 패이스트리
12. 치즈 아페로

패이스트리는 프랑스에서는 파트 푀이테(pâte feuilletée)라고 부른다. 만드는 방법은 버터를 싸서 반죽을 밀었다가 접었다가 다시 접어 수백 겹의 밀가루와 버터 층을 형성하는 반죽으로, 오븐에서 구으면 패이스트리 높이가 약 12배까지 부풀어 오른다. 이로 인해 바삭바삭하고 가벼운 질감을 가진다.

이 디저트는 언제부터 시작되었을까? 거슬러 올라가, 초기 패이스트리는 기름을 넣어 만들었으며 그리스인과 아랍인이 사용하였고, 이후 십자군에 의해 프랑스와 오스트리아에 전해졌다고 한다. 푀이타주(Feuilletage)는 15세기에 사용된 용어로, 콩데(Conde) 왕자의 디저트 요리사인 푀이유(Feuillet)가 처음 만들었다는 설이 있고, 17세기에 클라우드 겔레(Claude Gelée)라는 화가이자 제빵사인 프랑스인이 발명했다는 설도 있다. 현재의 기술은 19세기 앙투안 카렘(Antonin Carême)에 의해 완성되었다.

패이스트리는 버터 또는 마가린를 넣어 층층이 결이 있는 디저트로, 반죽과 버터가 여러 층으로 쌓이도록 얇게 여러 겹을 접어서 만든다. 구체적으로 과정을 살펴보자.

반죽을 접고 돌리고 작업을 여러 번 반복한다. 반죽이 탄력을 잃고 버터가 굳어지도록 각 접기 사이에 냉장고에 넣고 휴지시킨다. 접기 작업은 많은 층을 얻을 수 있어 반죽이 더 가벼워지게 만든다. 패이스트리를 만드는 데는 여러 기술이 있으며 일반적으로 접는 횟수가 다르다. 이 작업을 반복하여 두 번째 회전하여 접고 밀기를 한 다음 1~2시간 동안 냉장 보관한다. 휴지를 한 다음 작업을 반복하여 2턴을 추가하여 총 4턴을 한다. 이후 다음 날까지 냉장고에서 휴지시키고, 다음 날 2번 더 돌려서 접고 밀어서 편다.

일반적으로 프랑스에서는 파트 푀이테라고 패이스트리를 총칭하지만, 패이스트리는 크게 2가지로 종류로 나뉜다. 퍼프 패이스트리(Puff pastry)와 데니시 패이스트리(Danish pastry)이며, 이 두 가지 사이에는 미묘하면서도 뚜렷한 경계가 있다.

일단, 퍼프 패이스트리는 버터가 녹으면서 남은 층 사이에 형성된 틈이 베이킹하는 동안 수분이 수증기로 변하여 팽창하면서 부풀어 오른다. 반죽 재료로 밀가루, 버터, 물만 사용한다.
반면에 데니시 패이스트리는 수증기로 부풀린 퍼프 패이스트리와 달리 이스트를 넣어 발효한다. 발효된 버터에 감싸서 접기 방법으로 여러 겹의 섬세하고 바삭한 층을 만드는 라미네이팅된 반죽이다. 특히 데니시 패이스트리는 반죽의 설탕 함량이 높기 때문에 달콤한 디저트에 이상적이다.

사실 라미네이팅 된 데니시 패이스트리 반죽은 시간과 기술이 필요하기에 카페에서 만들기는 쉽지 않다. 그러나 요즘에는 냉동 생지가 다양화되었고, 그 품질도 좋다. 이번에는 쉽게 활용할 수 있는 냉동 생지를 이용한 데니시 패이스트리 레시피를 소개한다.

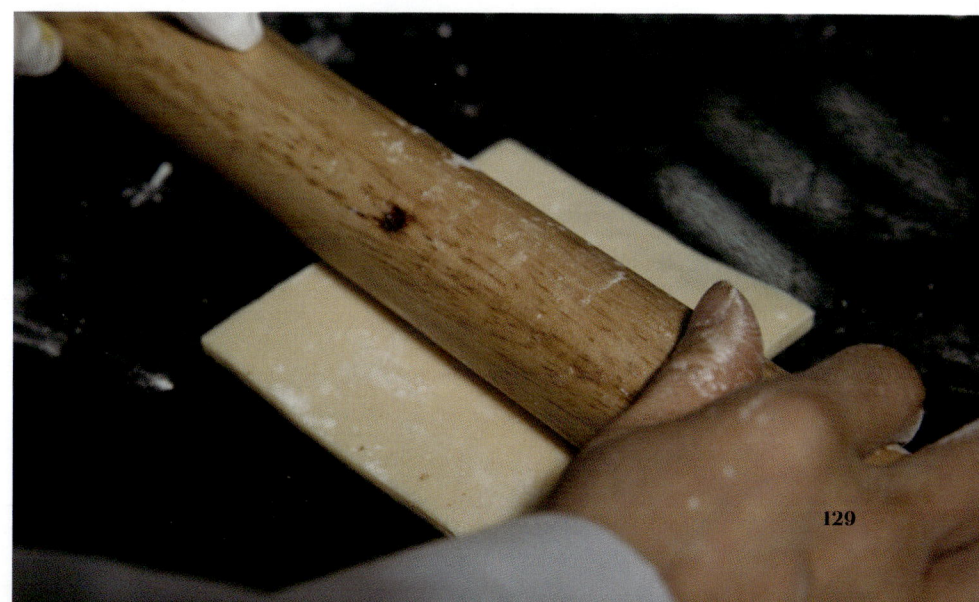

바나나 데니시 패이스트리

바나나뿐만 아니라 황도, 파인애플 통조림을 넣어서 만든 패이스트리이다. 냉동 생지를 사용하기 때문에 시간이 절약되며, 균일한 맛을 낼 수 있다. 냉동 생지를 선택할 때는 버터의 사용 유무를 확인하는 것이 필요하다. 버터를 사용하면 더 풍미가 업그레이드 되고 고소하다. 데니시는 성형 방법에 따라 다양한 모양의 제품을 만들 수 있다.

재료 소개

- 냉동 데니시 생지, 커스터드 크림
- 바나나 … 1개(또는 황도 통조림)
- 계란물, 나파주
- 슈가 파우더(옵션)

만드는 법

1 냉동 생지를 해동한다.

2 알맞은 모양으로 재단하여 성형한다.

3 커스터드 크림을 올려주고 테두리에 계란물을 바른다(계란물은 접착제 역할).

4 커스터드 크림 위에 바나나를 올려 준다.

5 알맞은 모양으로 접어준다.

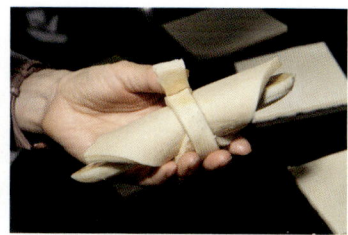

6 띠를 두르고 맺음이 바닥에 놓이게 팬닝한다.

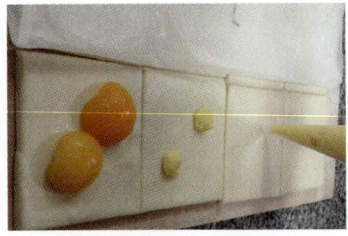
7 생지 위에 커스터드 크림을 올리고 황도(통조림)를 올려준다.

8 모서리를 당겨서 반대편으로 접어 준다.

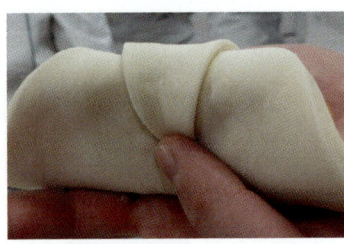
9 반대편의 모서리를 잡고 맺음이 바닥에 오도록 살짝 잡아 당겨준다.

10 팬닝한다.

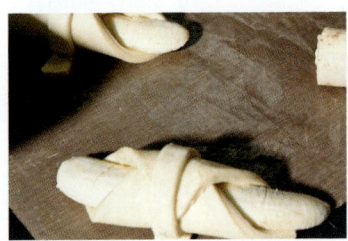
11 26~27℃, 습도 75~80%, 25~30분 발효한다.

12 계란물을 바른다.

13 180℃ 오븐에서 약 20~25분 굽는다.

14 나파주를 바른다.

데니시 오 푸아르

푸아르(서양배)는 프랑스에서 많이 먹는 과일인데 국내산 배와는 다른 맛이다. 통조림 푸아르를 사용하고 아몬드 크림을 함께 넣어서 굽는다.

Chapter 06
카페에서 인기 있는 데니시 페이스트리

재료 소개

- 냉동 데니시 생지
- 아몬드 크림
- 서양배(푸와르) 통조림
- 계란물, 나파주

만드는 법

1 해동된 생지 위에 아몬드 크림을 짜 넣는다.

2 크림 위에 푸와르(서양배)를 올려준다.

3 계란물을 테두리에 바르고 접어준다.

4 26~27℃에서 습도 75~80%, 약 25분 발효 후 계란물을 바른다.

5 180℃에서 25분 구운 후, 나파주를 바른다.

3 애플파이

Chapter 06

애플파이는 다양한 버전으로 만들 수 있다. 이번에는 냉동 생지를 이용하여 쉽게 집에서 따라 할 수 있는 레시피를 소개한다.

사용할 사과는 미리 조림하여 준비한다. 사과 조림 시 사과 증류주로 알려진 칼바도스를 넣으면 풍미가 좋다. 사과와 시나몬 가루는 베스트 커플이니 소량 넣어 준다.

재료 소개
- 냉동 데니시 생지
- 사과 조림
- 설탕 소량, 슈가 파우더

사과 조림 재료
- 사과, 버터, 시나몬 가루
- 소금, 칼바도스(또는 오렌지 리큐르)

사과 조림 만들기

1 오븐용 팬에 사과를 놓는다.

2 설탕, 계피를 넣는다.

3 소금을 한꼬집 넣어준다.

4 버터와 리큐르를 넣어준다.

5 호일을 덮어준다.

6 오븐에서 약 40분 익힌다.

 **애플파이 만들기**

1 원형 팬에 버터를 바르고 설탕으로 골고루 덮어준다.

2 사과 조림을 바닥에 나선형으로 올려준다.

3 해동된 생지를 원형 팬의 크기로 제단해준다.

4 스파이크 룰러(또는 포크)를 사용하여 구멍을 내어준다.

5 ④번을 ②번에 덮어준다.

6 발효 26~27℃에서 약 30분 후, 180℃ 오븐에서 약 30~40분 굽는다.

7 뒤집어서 꺼내어 식혀준 후 슈가 파우더를 뿌린다.

4
애플 데니시 패이스트리

사과 조림과 아몬드 크림을 중간에 넣고, 아래와 위에 냉동 생지를 샌드하여 만든다. 냉동 생지는 오븐에서 베이킹 시에 여러 겹이 부풀어 오르고 퍼프 패이스트리 된다.

국내 사과 품종은 다양하다. 감홍, 엔부, 부사 같은 사과들은 달콤함이 좋고, 홍옥, 황옥, 양광은 산미가 뛰어난 품종이다. 루비에스는 사과 중 가장 작고, 시나노 골드는 노란빛을 띠는 사과이다. 홍로와 홍옥은 가을철에 나오는데 두 가지 모두 단맛이 좋으나 홍옥이 산미가 돋보인다. 사과는 품종마다 그 맛이 다양하니 디저트 레시피에 어울리는 사과를 찾아보는 것도 좋다.

재료 소개

- □ 냉동 데니시 생지
- □ 아몬드 크림
- □ 사과 조림, 계란물, 나파주

만드는 법

1 해동된 생지를 준비하여 원형으로 자른다.

2 같은 크기로 2장을 만들어준다.

3 아몬드 크림을 올린다.

4 크림 위에 사과 조림을 올려준다.

5 테두리에 계란물을 바르고, 나머지 생지 한 장을 덮어준다.

6 윗면에 계란물을 바르고 칼등으로 무늬를 넣어준다.

7 중앙에 살짝 칼집을 내주고, 발효실 26~27℃에서 약 30~25분.

8 180℃ 오븐에서 25분 구워 준 후, 나파주를 바른다.

과일 데니시 패이스트리

데니시 패이스트리와 퍼프 패이스트리의 가장 큰 차이점은 발효의 유무이다. 데니시 패이스트리는 발효를 하고 오븐에서 굽는 것이 특징으로, 오븐에서 구운 후 거의 2배의 사이즈로 커진다. 크림을 넣어서 구울 때는 오븐 열에 녹지 않는 커스터드 크림을 많이 사용한다.

📋 재료 소개

- ☐ 냉동 생지, 커스터드 크림
- ☐ 생과일(블루베리, 라즈베리, 딸기)
- ☐ 파인애플(통조림)
- ☐ 계란물, 나파주

🔨 만드는 법

1 냉동 생지를 해동시킨다.

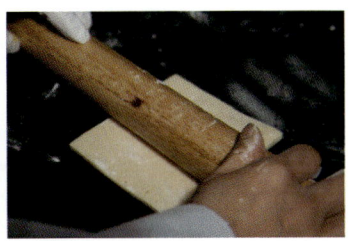

2 알맞은 모양으로 재단한다.

3 반으로 접은 후 삼각형 모양에서 뾰족한 윗 부분만 남긴 채 양끝을 절개한다.

4 다른 편에도 같은 방식으로 절개해 준다.

5 ④번을 펴주고 계란물을 바른다.

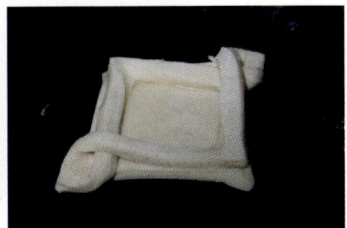

6 절개된 모서리를 잡고 반대편에 접어준다.

7 생지를 정사각형으로 재단한다.

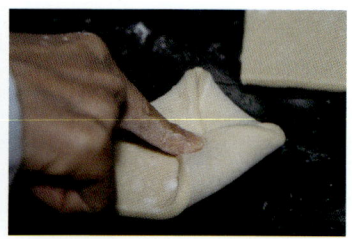
8 4개의 모서리를 잡고 중앙으로 접어준다.

9 26~27℃, 습도 75~80%, 약 25분 발효 후, 중앙에 커스터드 크림을 넣어준다.

10 계란물을 바르고, 오븐 180℃에서 25~30분 굽는다.

11 중앙에 커스터드 크림을 짜 넣어준다.

12 나파주를 바른다.

13 다양한 과일로 장식해준다.

14 나파주를 바른다.

15 슈가 파우더를 뿌려준다.

16 다양한 과일과 모양으로 데니시 패이스트리를 만들 수 있다.

 **파인애플 패이스트리 만들기**

1 해동된 생지를 정사각형으로 재단한다.

2 중앙의 원형을 남겨두고 모서리 4개를 나이프로 커팅한다.

3 절개된 생지를 성형한다.

4 절개된 꼭지점을 잡고 안쪽으로 접어준다.

5 같은 모양으로 4개를 모두 안쪽으로 접어준다.

6 바람개비 모양으로 만들어준다. 팬닝하고 26~27℃, 약 25~30분 발효한다.

7 발효 후 꺼내어 계란물을 바른다.

8 중앙에 커스터드 크림을 얹어준다.

9 파인애플(통조림)을 커팅하여 올려준다.

10 180℃ 오븐에서 25분 구운 다음, 나파주를 바른다.

피스타치오 데니시 패이스트리

피스타치오 페이스트를 이용하여 만든 데니시 패이스트리로, 피스타치오 페이스트와 커스터드 크림을 섞어서 만든다. 피스타치오 크림의 그린 색이 고급지며, 초콜릿과 잘 어울린다. 피스타치오 페이스트는 피스타치오 크로아상을 만들어도 좋다. 화이트 초콜릿을 녹이고 여기에 피스타치오 페이스트를 섞어준다. 이렇게 만든 크림을 크로아상에 부어서 글라사주를 하면 된다.

재료 소개

- 냉동 데니시 생지, 피스타치오 페이스트…20g
- 커스터드 크림…150g, 초콜릿 칩…80g
- 피스타치오 칩…20g
- 계란물, 나파주, 슈가 파우더

만드는 법

1 피스타치오 페이스트와 커스터드 크림을 섞어주고, 해동된 생지에 크림을 펴바른다.

2 초콜릿 칩을 골고루 올려준다.

3 반으로 접어준다.

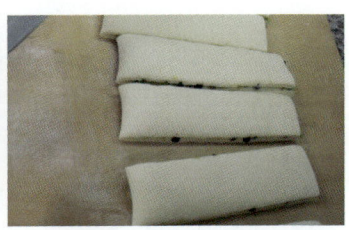

4 가로 2.5cm × 세로 8cm로 잘라준다.

5 트위스트 모양으로 성형한다.

6 발효 26~27℃, 습도 75~80%에서 약 25분 후, 계란물을 바른다.

7 180℃ 온도에서 약 25~30분 굽고, 나파주를 바른 후, 피스타치오 칩을 올려준다.

7 팽 오 레이즌

팽 오 레이즌은 클래식 데니시 패이스트리이다. 여기에 사용하는 건포도는 전처리하여 사용하면 풍미가 좋다. 원형 틀에 넣어서 구우면 사이즈가 일정하게 만들 수 있다.

재료 소개

☐ 냉동 데니시 생지, 커스터드 크림
☐ 건포도, 계란물, 나파주

만드는 법

1 해동된 생지 위에 커스터드 크림을 바른다.

2 전처리된 건포도를 골고루 올려준다.

3 계란물을 끝 부분에 바른 후에 돌돌 말아준다.

4 링 사이즈에 맞게 김밥처럼 잘라준다.

5 링에 넣어서 팬닝한다.

6 발효 26~27℃에서 습도 75~80% 약 25~30분 후, 계란물을 바른다.

7 오븐에서 180℃에서 약 30분 구운 후, 나파주를 바르고 슈가 파우더로 데코한다.

체리 데니시 패이스트리

요즘은 냉동 과일이 있어 제철이 아니어도 즐길 수 있다. 체리는 새콤하고 달콤하여 누구나 좋아하는 과일로, 잼처럼 만들어서 빵에 발라 먹어도 맛있다. 데니시 패이스트리의 고소한 버터향과 잘 어울린다.

재료 소개

- 냉동 생지, 커스터드 크림
- 체리 필링
- 계란물, 나파주

체리 필링 재료

- 냉동 체리(또는 아마레나 체리 통조림) … 200g
- 설탕 … 50g
- 커스터드 파우더 … 30g

체리 필링 만들기

1 냄비에 냉동 체리와 설탕을 넣고 졸인다(체리 원형이 남아있게 저어주지 않는다).
2 커스터드 파우더를 넣어 끓여주고, 식혀서 사용한다(아마레나 체리 통조림은 가당이 강해 뜨거운 물로 한번 씻어주고 사용하는 것이 좋다).

만드는 법

1 재단한 생지 위에 커스터드 크림을 올려준다.

2 체리 필링을 올려준다.

3 끝 부분에 계란물을 바른다.

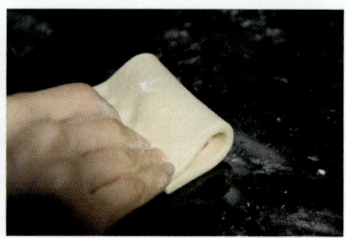

4 위에서 아래로 접어주고, 끝 부분은 칼로 살짝 잘라준다.

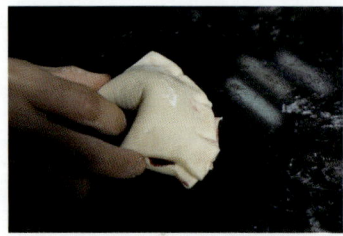

5 위쪽을 모아서 부채처럼 펴지게 만들고, 26~27℃, 약 25분 발효한다.

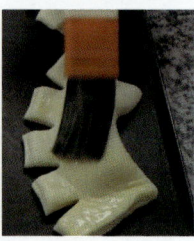

6 계란물을 바른다.

7 180℃ 오븐에서 약 25~30분 구운 후 나파주를 바르고, 슈가 파우더를 뿌린다.

팽 오 쇼콜라 (Pain au Chocolat)

프랑스의 아침은 거리에 고소한 빵냄새가 많이 나는데 바로 빵집마다 팽 오 쇼콜라를 굽는 버터 향이다. 팽 오 쇼콜라는 프랑스에서 아침 식사용으로 가장 많이 먹는 빵 중에 하나이다.

재료 소개

☐ 냉동 데니시 생지, 커스터드 크림, 초콜릿 칩(또는 초콜릿 스틱)

☐ 계란물, 슈가 파우더

만드는 법

1 해동된 생지 위에 커스터드 크림을 바른다.

2 크림을 골고루 스프레드 한다.

3 초콜릿 칩 또는 초콜릿 스틱(바통)을 올려준다.

4 위에서 아래로 ⅔ 정도까지 접어준다.

5 나머지 ⅓부분을 접어주어, 맺음이 바닥에 놓이도록 팬닝한다.

6 26~27℃에서 습도 75~80% 약 25~30분 발효 후, 계란물을 바른다.

7 180℃ 오븐에서 약 25분 구운 후, 슈가 파우더를 뿌린다.

10 크런치 데니시 패이스트리

겉은 바삭하고 속은 부드러운 디저트이다. 롤리폴리 또는 롤웨하스를 사용하여 크런치한 식감과 커스터드 크림의 부드러움을 함께 즐길 수 있다.

재료 소개

□ 냉동 데니시 생지, 커스터드 크림
□ 롤리폴리(또는 롤 웨하스 조각), 시나몬 가루 적당히
□ 건포도, 계란물
□ 나파주, 시부스트 크림(옵션)

만드는 법

1 해동된 생지에 커스터드 크림을 바른다.

2 롤리폴리를 올려준다.

3 시나몬 가루를 소량 뿌린다.

4 건포도를 올려준다.

5 끝부분에 계란물을 바르고 돌돌 말아준다.

6 잘라준다.

7 링 안에 넣어서 팬닝하고, 26~27℃, 습도 75~80% 약 25분 발효한다.

8 180℃ 오븐에서 약 30분 굽는다.

9 나파주를 바르고 슈가 파우더를 뿌린다.

10 시부스트 크림을 전체적으로 바르고 롤리폴리 크런치를 붙여준다(옵션).

 **롤웨하스 데니시 패이스트리**

1 해동된 생지에 커스터드 크림을 바른다.

2 커스터드 크림 위에 롤 웨하스 조각을 올린다.

3 시나몬 가루를 소량 뿌려준다.   4 전처리된 건포도를 올린다.

5 돌돌 말아준 후, 김밥처럼 자른다.   6 링 안에 넣어서 팬닝하고, 26~27℃, 습도 75~80% 약 25분 발효한다.

7 180℃ 오븐에서 약 30분 구운 다음, 나파주를 바른다.

라즈베리 데니시 페이스트리

라즈베리를 이용한 데니시 페이스트리로, 라즈베리 잼을 넣어도 좋다. 먹다 남은 빵은 후라이팬에 살짝 구워서 먹으면 좋다. 버터의 풍미가 고소하고 라즈베리의 달달함이 함께 느껴진다.

재료 소개

- 냉동 생지, 라즈베리 필링 … 150g
- 계란물, 나파주
- 슈가파우더, 생 라즈베리(데코용)

라즈베리 필링 재료

- 라즈베리 퓨레 … 200g, 설탕 … 60g
- 생라즈베리 … 100g
- 커스터드 파우더 … 25g

만드는 법

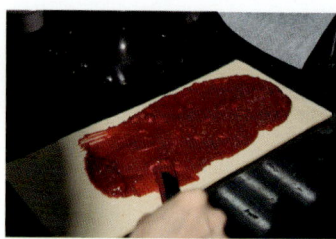

1 라즈베리 필링을 생지 위에 올린다.

2 골고루 펴 바른다.

3 끝부분에 계란물을 바르고 돌돌 말아준다.

4 틀에 종이 호일을 깔아주고 ③번을 넣어준다.

5 26~27℃에서 약 30~40분 발효한 후, 계란물을 바른다.

6 중간에 살짝 칼집을 내준다.

7 180℃ 오븐에서 약 40~50분 굽는다.　**8** 라즈베리를 곁들인다.

라즈베리 필링 만들기

1 라즈베리 퓨레, 생라스베리, 설탕을 넣고 졸인다.　**2** 커스터드 파우더를 넣고 끓인다.

치즈 아페로

남은 짜투리 생지는 버리기 아깝다. 이럴 때 만들기 좋은 아이템이 치즈 아페로이다. 견과류와 치즈를 준비하면 끝이다. 패이스트리의 고소한 버터의 풍미는 바삭하고 고급진 맛으로, 치즈 스낵으로 좋고 맥주, 와인 안주로 잘 어울린다.

재료 소개

- 냉동 생지
- 치즈 3종류(모짜렐라+체다+파마산)
- 해바라기씨 … 150g, 호박씨 … 150g
- 참깨 … 50g, 계란물

만드는 법

1 치즈, 호박씨, 해바라기씨, 참깨를 넣어서 섞어준다.

2 생지를 알맞은 크기로 재단하여 계란물을 바른다.

3 ②번을 ①번에 넣어서 골고루 묻혀준다.

4 발효 25~27℃, 습도 75~80% 약 20~25분

5 180℃ 오븐에서 약 20분 굽는다.
와인, 맥주로 곁들이는 스낵으로 좋다.

Chapter 07

따라하기 쉬운
베이커리 레시피

1. 팡드미(Pain de Mie) – 식빵
2. 시나몬 브레드
3. 애플 페이장 타르트
4. 세이보리 브레드

팡드미(Pain de Mie) - 식빵

팡 드 미(Pain de mie)는 고전적인 프랑스 스타일의 식빵이다. 프랑스어로 팡(Pain)은 빵이란 뜻이고, 미(Mie)는 크러스트라는 의미이다. 이를 번역해 보면 '부스러기 빵'을 의미하며, 빵 부스러기가 단단하고 빵 껍질이 거의 없는 폭신한 빵이다.

20세기 초 풀만 철도 차량의 주방에서 사용된 식빵 팬 덕분에 일반적으로 '풀만 빵'으로도 알려져 있다. 정사각형 또는 직사각형으로 덮인 팬에서 구워지며 독특한 모양으로, 주로 아침 토스트, 샌드위치, 크로크무슈, 스프 크루통용 등으로 다양하게 이용된다.

슬라이스하게 구워서 그 위에 두툼한 버터를 얹어 먹으면 아침 식사가 된다. 풀만 팬이 없다면 일반 식빵 팬도 괜찮다. 소개한 레시피는 윗부분이 봉긋하게 올라오는 로프 형태로 일반 식빵 팬을 사용했다. 얇은 크러스트와 밀키하고 담백한 빵이다.

재료 소개

- 강력분 … 400g, 우유 … 100g, 물 … 160g
- 생이스트 … 8g, 설탕 … 12g, 소금 … 8g
- 이스트 도우(사전 준비) … 80g(부록 참고)
- 버터 … 60g, 밀크 파우더 … 20g
- 몰트 엑기스 … 4g, 식빵 틀

만드는 법

1 버터를 제외하고 모든 재료를 넣는다.

2 반죽기 속도 V1에서 3분 동안 반죽한다.

3 반죽기 속도를 V2로 올리고 약 4~5분 동안 돌린다(글루텐이 형성된다).

4 반죽에 글루텐이 형성되면, 속도를 1단으로 맞추어 버터를 조금씩 넣어 준다.

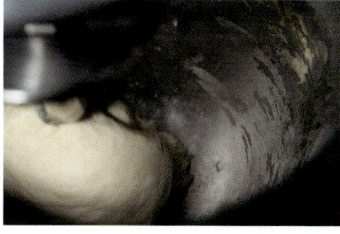

5 버터가 흡수되면 2단계로 돌리고, 겉면이 매끈하고 아주 얇은 막이 형성되면 완성.

6 최종 반죽 온도 24~25℃

7 1차 발효-28℃, 습도 80% 약 50분 발효(반죽이 2배 팽창된다).

8 원하는 무게로 반죽을 분할한다.

9 둥글리기 후 실온에서 20~30분 휴지시킨다.

10 가스를 빼준다.

11 3번 접기를 한다.

12 마지막에 매듭을 잘 접어준다.

13 성형된 모양으로 틀에 넣어 팬닝한다(매듭이 바닥에 놓이도록 한다).

14 2차 발효-28℃, 습도 80%, 약 1시간 30분 후 계란물을 바른다.

15 180℃ 오븐에서 약 40~50분 굽는다. 틀에서 꺼내어 버터를 바른다.

시나몬 브레드

시나몬 가루와 팜슈가를 넣은 빵이다. 오븐에서 구워지면서 설탕이 높아서 캐라멜화 되고 은은한 계피향이 느껴져 풍미가 좋다. 카푸치노와 잘 어울리는 빵이다.

재료 소개

- 강력분 … 400g, 우유 … 100g, 물 … 160g
- 생이스트 … 8g, 설탕 … 12g, 소금 … 8g
- 이스트 도우 … 80g, 버터 … 60g
- 밀크 파우더 … 20g, 몰트 엑기스 … 4g
- 계란물 … 소량

시나몬 필링 재료

- 팜슈가 … 300g(또는 굴라메라)
- 시나몬 가루 … 적당히
- 버터 … 100g

슈트로이젤 재료

- 버터 … 50g, 설탕 … 50g
- 박력분 … 50g, 아몬드 가루 … 50g

슈트로이젤 만들기

1 밀가루, 설탕, 바닐라, 버터(아주 찬 큐브 형태)를 넣는다.

2 스크래퍼를 이용하여 섞어준다. 사블라주 한다.

3 냉장고에 보관한다.

만드는 법

1 식빵 반죽과 동일하며, 1차 발효와 둥글리기 후 성형한다.

2 밀대를 사용하여 넓게 직사각형으로 펴준다(이때 가스를 빼준다).

3 버터를 골고루 바른다.

4 팜슈가와 시나몬 파우더를 골고루 덮어준다.

5 성형하여 틀에 넣어 팬닝한다. 2차 발효-28℃, 1시간 30분 한다.

6 계란물을 바른 후, 슈트로이젤을 위에 얹어준다.

7 오븐 굽기, 180℃, 약 40~50분

애플 페이장 타르트

애플 케이크로, 적당한 두께로 자른 사과를 넣고 만들었다. 사과의 식감이 느껴지며 산미와 단맛이 있다. 브리오슈 도우를 사용하여 부드럽고 폭신한 빵과 사과의 조화가 매력적이다.

재료 소개

- 도우 반죽, 브리오슈 반죽 사용(만드는 법 부록 참고)
- 가니시 재료(사과 2개, 아몬드 크림 150g)
- 아몬드 크럼블(생크림 15g, 꿀 15g, 슬라이스 백아몬드 40g)

만드는 법

1 브리오슈 도우(부록 참조)를 발효 후 가스를 빼주고 성형한다.

2 원형으로 펴주고 스파이크 롤러(또는 포크)를 사용하여 구멍을 낸다.

3 팬닝하여 놓는다. 링은 안쪽에 버터를 바르고 준비한다.

4 반죽이 링 안에 들어가도록 맞추어 준다. 이후 발효실 25~27℃에서 약 30분 진행한다.

5 아몬드 크림을 달팽이 모양으로 올려준다.

6 사과를 손질하여 준비한다.

7 손질한 사과를 ⑤번 위에 올려준다.

8 가지런히 사과를 올려주고, 빈틈에 아몬드 크림을 추가로 넣어서 매꿔준다.

9 180℃ 오븐에서 약 20분 동안 굽는다.

10 아몬드 크럼블(백아몬드 슬라이스 40g + 생크림 15g + 꿀 15g)을 섞어서 준비한다.

11 ⑩번을 ⑨번에 올려주고, 165℃ 오븐에서 약 10분 더 굽는다.

12 링을 제거하고 슈가 파우더를 뿌려준다.

4
세이보리 브레드

식사용 빵 또는 간식용으로 짭짤한 빵이 인기가 많다. 주로 토마토, 올리브, 치즈를 토핑으로 얹어 만든 빵이다. 만들기도 쉽고 누구나 좋아하는 빵으로 샌드위치로 사용해도 좋다. 토마토는 구울수록 단맛이 강해지니 오레가노, 로즈마리와 같은 허브 가루와 함께 구워서 사용하면 좋다.

재료 소개

- 강력분 … 300g, 물 … 190g
- 밀크 파우더 … 20g, 생 이스트 … 6g
- 설탕 … 8g, 소금 … 6g
- 이스트 도우 … 60g, 버터 … 50g
- 몰트 엑기스 … 3g

토핑 재료

- 썬드라이드 토마토 … 100g, 할라페뇨 … 5개, 에멘탈 치즈 슈레드 … 200g
- 올리브 … 100g, 생 토마토 … 300g, 올리브 오일 … 소량
- 허브가루 … 소량, 소금, 후추 … 적당

구운 토마토 만들기

1 생 토마토는 씻어서 알맞은 크기로 자른다.

2 올리브 오일, 허브 가루를 올린다.

3 소금, 후추를 뿌려준다.

4 오븐 180℃에서 약 15분 굽는다.

반죽하기

1 버터를 제외하고 모든 재료를 넣는다.

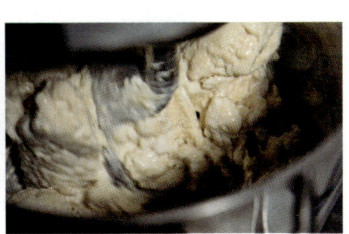

2 반죽기 속도 V1에서 3분 동안 반죽한다.

 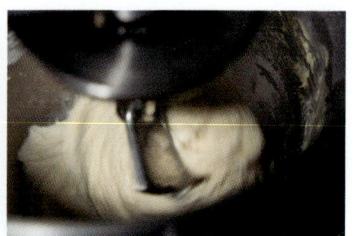

3 반죽기 속도를 V2로 올리고 약 4분 동안 돌린다(글루텐이 형성된다).

4 반죽에 글루텐이 형성되면 속도를 낮추고 버터를 조금씩 넣으면서 반죽한다.

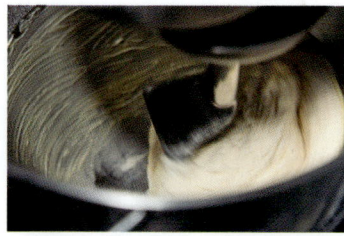 

5 모든 버터가 들어가면 속도를 V2로 올린 후, 약 4분 더 반죽하고 마무리한다.

6 최종 반죽 온도 25도

 성형하기

1 1차 발효-28℃, 습도 80%에서 2배 팽창

2 반죽 분할 80g, 둥글리기하고 휴지 20분

3 밀대를 사용하여 펴주고 가스를 뺀 후, 토핑을 얹는다.

4 구운 토마토와 올리브 오일을 올려준다.

5 성형한다.   **6** 접어서 모양을 만든다.

7 치즈와 할라페뇨를 올린다.   **8** 치즈와 올리브를 올린다.

9 2차 발효-30℃, 약 50분 후, 계란물을 바른다.   **10** 180℃에서 약 20~25분 구운 후, 올리브 오일을 바른다.

11 식사용 빵으로 허브가 들어간 프로방스 스타일이다.

Chapter 08

크리스마스 디저트 레시피

1. 후르츠 파운드 케이크
2. 무화과 파운드 케이크
3. 슈톨렌
4. 구겔호프
5. 세이보리 구겔호프
6. 갈레뜨 데 로아

후르츠 파운드 케이크

파운드 케이크는 1700년대 초 북유럽에서 유래했으며, 만드는 방법 때문에 파운드 케이크라는 이름이 붙여졌다. 전통적인 레시피에는 밀가루, 설탕, 버터, 계란 각각 1파운드가 필요했고, 1:1:1:1의 비율로 섞어 만든 반죽이었기 때문이다.

파운드 케이크는 밀도가 높으며, 부드럽고 촉촉한 버터향이 많이 느껴진다. 대부분의 전통적인 파운드 케이크 레시피에는 동일한 중량의 밀가루, 설탕, 계란 및 버터가 필요하지만, 충전물의 종류에 따라 약간의 밀가루를 첨가했다.

재료 소개

- 버터 … 150g, 분당 … 150g, 계란 … 150g
- 박력분 … 200g, 베이킹 파우더 … 5g
- 우유 … 소량, 후르츠 … 330g(3일 전에 준비)
- 나파주, 파운드 틀

후르츠 전처리 재료

- 건포도+설타나 2종류 … 100g, 크랜베리 … 40g
- 오렌지다이스 … 70g, 무화과 … 100g
- 시럽(물 100g, 설탕 50g, 그랑마니에르 20g)

만드는 법

1 밀가루와 베이킹 파우더를 섞어서 채쳐서 준비한다.

2 버터는 포마드(크림) 상태로 만들어 사용한다.

3 버터에 분당을 섞어서 하얗게 크림화 시킨다.

4 실온 상태의 계란을 2~3번 나눠서 섞는다.

5 ④번에 밀가루를 넣고 섞어준다.

6 전처리된 후르츠를 넣어서 섞어준다 (시럽에 후르츠 모든 재료를 넣고 조려서 준비한다).

 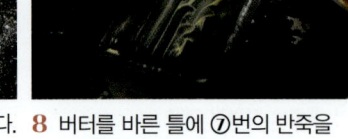

7 반죽의 상태에 따라 우유를 가감한다.

8 버터를 바른 틀에 ⑦번의 반죽을 부어준다. 틀을 바닥에 쳐주고 윗면을 매끄럽게 정리한다.

9 180℃, 약 50~60분 오븐에서 굽는다. 꺼낸 직후 시럽을 바르고 식으면 나파주를 바른다.

2
무화과 파운드 케이크

사용할 건과일과 건무화과는 전처리를 해야 풍미가 좋다. 그 외에 레몬, 오렌지, 초콜릿 등 다양한 충전물을 넣어서 만들 수 있다. 반죽을 준비된 파운드 케이크 틀에 넣고 편편한 주걱이나 숟가락 뒷면으로 윗면을 평평하게 만든다. 틀을 바닥에 쳐주어 공간이 없도록 만든 후 오븐에서 굽는다.

📋 재료 소개

- □ 버터 … 150g, 분당 … 150g, 계란 … 150g
- □ 박력분 … 200g, 베이킹 파우더 … 5g, 우유 … 소량
- □ 무화과 … 330g(3일 전에 준비), 호두 … 100g
- □ 나파주, 파운드 틀

데코용 재료

- □ 절인 오렌지필 스틱 … 5개
- □ 절인 반건조 무화과

무화과 전처리 재료

- □ 무화과 다이스 … 330g
- □ 시럽(물 100g, 설탕 50g, 그랑 마니에르 20g)

🔨 만드는 법

1 후르츠 파운드 케이크 반죽과 동일하다. 밀가루와 베이킹 파우더를 섞어서 채쳐서 준비한다.

2 버터는 포마드 상태로 만들어 준비한다.

3 버터에 분당을 넣고 고속으로 휘핑하여 하얗게 크림화 시킨다.

4 계란은 2~3번 나눠서 섞는다.

5 ④번에 밀가루를 넣고 섞어준다.

6 무화과와 호두를 넣어서 섞어준다.

7 틀에 버터를 바르고, 반죽을 부어준다. 틀을 바닥에 쳐주고 윗면을 매끄럽게 정리한다.

8 180℃, 약 50~60분 오븐에서 구운 후, 나파주를 바른다.

9 절인 반건조 무화과와 오렌지 스틱을 얹어서 데코한다.

슈톨렌

독일에서 즐기는 크리스마스 케이크이다. 말린 과일과 설탕에 절인 과일, 아몬드, 계피, 넛맥 등 향신료와 로마지 팬을 넣고 구운 빵에 버터를 바른 후 슈가 파우더를 듬뿍 뿌려 만든다. 이렇게 만든 슈톨렌은 바로 먹는 것보다는 숙성시켜 먹어야 더 달콤하고 풍미가 난다. 그래서 독일에서는 크리스마스를 몇 주 앞두고 슈톨렌을 만드는 전통이 있다. 6개월~1년 전부터 다양한 건과일을 럼주로 듬뿍 담가서 절여놓으면 맛이 깊고 진하게 된다.

후르츠 꽁피 재료

- 오렌지필 다이스 … 30g
- 레몬필 다이스 … 30g
- 건체리 … 30g, 건살구 … 30g
- 건크랜베리 … 30g
- 건포도 100g+살타나 건포도 150g+반건조 무화과 200g
- 사과주스 … 1리터
- 럼 … 40g, 브랜디 … 50g, 그랑마니에르 … 50g

안자츠(스타터) 재료

- 우유 … 60g, 생이스트 … 18g
- 강력분 … 100g, 로마지팬 … 22g

도우 재료

- 강력분 … 165g, 우유 … 50g, 계란 … 1개
- 소금 … 4g, 설탕 … 30g, 버터 … 105g
- 아몬드 슬라이스 … 60g, 피스타치오 … 30g
- 로마지팬 … 150g, 슈가 파우더 … 다량

안자츠(스타터) 만들기

1 안자츠 재료를 모두 넣고 반죽한다.

2 25℃도, 습도 75%, 약 50분 발효하여 사이즈 2배가 될 때 사용한다.

후르츠 꽁피 만들기

모든 건과일을 사과 주스에 넣고 졸이다가 럼, 브랜디, 그랑마니에를 넣고 절인다.

🥣 **도우 만들기** : 후르츠 도우 940g(후르츠 540g와 도우 400g), 내추럴 도우 200g

1 스타터, 계란, 우유, 밀가루, 설탕, 소금을 넣고 반죽한다.

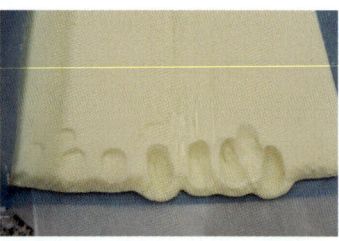

2 말랑한 상태의 버터 첨가 후, 충분히 흡수될 때까지 반죽한다.

3 반죽기 속도 V3로 2분 반죽 후, 200g 반죽 분할하여 냉장고 휴지하여 내추럴 도우로 사용한다.

4 나머지 도우에 후르츠(후르츠+아몬드+피스타치오)를 넣고, 반죽(반죽 온도 23℃)하여 후르츠 도우로 사용한다.

5 ④번의 반죽은 둥글리기 후 냉장고에서 휴지시킨다.

6 후르츠 도우를 냉장고에서 꺼내어 직사각형으로 성형한다.

7 중간에 홈을 파고 로마지 팬을 길게 만들어서 중간에 길게 올린다.

8 ③번의 내추럴 도우를 냉장고에서 꺼내어 얇게 밀어서 ⑦번 위에 덮어준다.

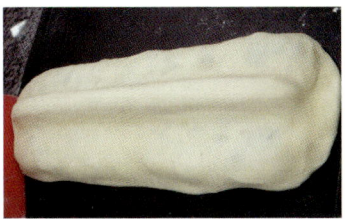 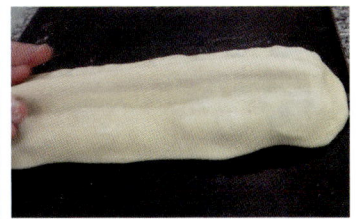

9 2차 발효는 27℃, 약 1시간 진행한다.

10 180℃, 약 20~30분 굽는다(알루미늄 호일 2겹으로 틀을 만들어 위에 덮어줌). 이후 160℃로 오븐 온도를 내리고, 약 20~30분 굽는다(이때 오븐팬을 덧댐).

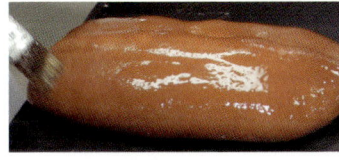 

11 오븐에서 꺼내어 녹인 버터를 듬뿍 바른다.

12 슈가 파우더를 듬뿍 뿌려준다.

13 단면을 잘라보면 로마지 팬과 다양한 절인 과일이 보인다.

14 저장성이 높은 디저트로, 얇게 슬라이스해서 먹는 것이 좋다.

15 포장을 하면 크리스마스 디저트 선물로 좋다.

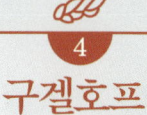

구겔호프

구겔호프 틀을 사용하여 달걀 노른자와 버터가 들어간 고급스러운 크리스마스 디저트이다. 17세기 말 스위스에서 처음 만들어져서 프랑스로 전해졌다는 설이 있으며, 18세기 말 버터가 보급되면서부터 본격적으로 만들어지기 시작하였다.

재료 소개

- 강력분 … 150g, 설탕 … 20g, 허니 … 10g
- 소금 … 3g, 생이스트 … 5g, 계란 … 1개
- 계란 노른자 … 1개, 우유 … 20g, 버터 … 100g
- 이스트 도우 … 100g, 건포도 … 100g
- 몰트엑기스 … 3g, 슈가 파우더, 구겔호프 틀

만드는 법

1 버터를 제외한 모든 재료를 넣는다.

2 반죽에 글루텐이 형성되면 버터를 넣는다.

3 반죽 온도가 24℃가 되면 전처리된 건포도를 넣는다.

4 1차 발효는 약 25~26℃, 습도 75~80%, 1시간

5 분할 후 둥글리기, 휴지 약 15~20분

6 구겔호프 틀에 버터를 바른다.

7 구겔호프 틀에 맞게 밀대를 사용하여 중앙에 구멍을 낸다.

8 구겔호프 틀에 넣고, 2차 발효는 약 28℃, 습도 75~80%, 90분 진행한다.

9 180℃, 약 35~40분 구운 후, 슈가 파우더를 뿌려준다.

10 또는 구겔호프 틀에 아몬드 슬라이스를 붙이고 반죽을 넣어 굽는다.

5 세이보리 구겔호프

구겔호프는 다양한 반죽으로 응용이 가능해서 세이보리 스타일로 설탕량을 줄이고 짭짤한 맛으로 베이컨을 넣어서 식사용으로도 좋다. 토스트를 해도 좋고, 브루스케타처럼 오픈 샌드위치도 좋고, 레드 와인 페어링에도 좋다.

📋 재료 소개

- 강력분 … 150g, 생이스트 … 5g
- 설탕 … 5g, 소금 … 3g, 계란 … 1개
- 우유 … 30g, 이스트 도우 … 100g
- 버터 … 100g

부 재료

- 베이컨 … 70g
- 양파 … 20g
- 다진 생파슬리 … 2g
- 다진 호두 … 10g

만드는 법

1 구겔호프 반죽과 동일하며, 부 재료를 모두 넣고 반죽한다. 25℃ 약 60분 발효한다.

2 반죽을 분할하고, 둥글리기 후 20분 휴지시킨다.

3 구겔호프 틀에 맞게 중앙에 구멍을 낸다.

4 구겔호프 틀에 버터를 고루 바르고, 바닥에 홀아몬드를 놓아준다.

5 ③번의 반죽을 ④번에 넣어준다. 약 27~28℃, 습도 80%, 90분 동안 2차 발효한다.

6 180℃ 오븐에서 약 30~40분 굽는다.

갈레뜨 데 로아

아몬드 파이라 불리기도 하며, 아몬드 크림을 채워서 구운 디저트로 파트 푀유테(Pâte feuil-letée 퍼프 페이스트리) 반죽을 사용한다. 프랑스에서는 피티비에(Pithiviers)라 부르며, 1506년 프랑스 오를레앙주의 피티비에 살던 제과인이 처음 만들었다고 전해진다.

갈레트 데 로아는 1월 새해에 가족과 즐겨먹는 디저트이다. 밀가루 반죽에 버터와 아몬드 크림을 넣고 결이 촘촘하게 살아 있는 둥그런 파이 속에 페브(Feve)라고 부르는 2~3cm 크기의 조각 인형을 넣어서 만든다. 페브는 행운의 상징이기 때문에 나눠서 먹다가 페브를 발견한 사람은 그 해의 운이 있다고 축복해 주는 전통이 있다.

재료는 너무 간단해서 냉동 데니시 생지와 아몬드 크림만 있으면 된다. 간단하면서 가족이 함께 나눠먹는 디저트를 만들어 보는 것도 재미있을 것이다.

재료 소개

- 냉동 데니시 생지
- 아몬드 크림
- 나파주

만드는 법

1 냉동 생지를 준비한다.

2 해동된 생지를 같은 크기로 2등분한다.

3 아몬드 크림을 두둠하게 짜 넣어준 다음, 가장 테두리에 계란물을 바른다.

4 해동된 생지를 위에 덮어준 다음, 끝부분을 살짝 눌러서 접착시킨다.

5 표면에 계란물을 바른다.

6 칼등으로 나선형으로 무늬를 그어주고, 중앙에 칼끝으로 구멍을 낸다(테두리를 레이스 모양으로 자르고 성형한다).

7 중앙에 칼집을 내어준다.   8 28℃, 약 30~35분 동안 발효한다.

9 180℃, 약 40분 굽는다.   10 여러 겹의 층이 부풀어 올라 가볍고 폭신한 질감을 가진다.

11 다양한 모양으로 성형이 가능하다.

Chapter 09

부록

1. 그 밖에 레시피
   타르트쉘 만들기
   브리오슈
   레이즌 브레드
   이스트 도우
   하몽 브레드
2. 마카롱과 마들렌의 유래
3. 제빵의 이해
4. 커피와 디저트 페어링

1
타르트쉘 만들기

타르트는 타르트 틀을 사용하여 만든 디저트이다. 타르트와 파이가 구별되는 것 중 하나는 바로 타르트쉘을 만드는 쇼트크러스트(Shortcrust) 반죽이다.

타르트는 크게 세이보리(키슈)와 스위트(과일 타르트)의 두 가지 범주로 나뉜다. 키슈와 같은 짭짤한 타르트 스타일과 과일 타르트, 타르트 타탱과 같은 디저트 타르트에 이르기까지 프랑스에서 유래한 타르트 레시피는 다양하다. 디저트 타르트는 스위트 쇼트크러스트로, 프랑스에서 파트 쉬크레(Pate sucrée)라 부른다.

📋 재료 소개(파트 쉬크레)

- 버터 … 450g, 분당 … 300g
- 박력분 … 750g, 아몬드 가루 … 90g
- 바닐라 파우더 … 10g, 계란 … 190g

1 버터는 말랑한 포마드 상태로 만들어준다.
2 분당을 넣고 하얗게 크림화 시킨다.
3 계란을 넣어준다.
4 박력분, 아몬드 가루, 바닐라 파우더를 넣고 채친다.
5 ④번을 ③번에 넣어서 섞어준다(밀가루가 보일 정도로 가볍게 섞는다).
6 반죽을 비닐에 넣고 밀대로 얇게 펴준다.
7 냉장고에 약 1시간 이상 충분히 휴지시킨다.
8 타르트 틀에 넣고 빠르게 성형한다.
9 바닥에 포크 끝을 이용하여 가볍게 찍어준다.
10 냉장고에서 약 20~30분 휴지시킨다.
11 쿠킹호일에 콩을 넣어서 타르트 바닥 사이즈에 맞게 넣어준다(오븐에서 구울 때 타르트 반죽이 부풀어 오르지 않게 하기 위함).
12 180℃ 오븐에서 약 20분 굽는다.
13 쿠킹호일을 제거하고 약 10분 더 굽는다.

브리오슈

브리오슈 빵은 식감이 부드럽고 버터 풍미가 가득하다. 버터와 계란 함량이 높은 빵으로 주로 토스트, 샌드위치용으로도 활용한다. 브리오슈는 패이스트리와 하드계열 빵의 중간 식감으로 비엔누아즈리(Viennoisseries)류에 속한다.

재료 소개

- 강력분 … 1kg
- 소금 … 16g, 설탕 … 200g
- 드라이 이스트(골드 샤프 인스턴트) … 20g
- 계란 … 300g, 우유 … 300g, 버터 … 400g

반죽하기

1. 밀가루에 소금, 이스트, 설탕 ⅓을 넣고 반죽한다.
2. 계란과 우유를 섞어서 넣고 반죽한다.
3. 가루와 리퀴드 제품이 잘 섞이고 글루텐이 형성될 때까지 반죽한다.
4. 버터를 말랑한 상태로 준비한다.
5. ⅓ 버터와 ⅓ 설탕을 넣고 반죽한다.
6. 나머지 설탕을 넣어준다.
7. 나머지 버터를 나누어서 넣어준다.
8. 속도를 높이면서 겉면이 매끈하고 아주 얇은 막이 형성되면 완성이다. 최종 반죽 온도는 25℃가 이상적이다.

반죽 시 주의사항

1. 최종 반죽 온도는 25~27℃
2. 설탕은 3번 나누어서 넣는다.
3. 버터는 말랑한 상태에서 3~4번 나누어서 넣는다.

만드는 법

1. 1차 발효는 28~30℃, 습도 80%에서 약 90분
2. 분할한다.
3. 둥글리기 후에 냉장고에서 약 20분 휴지시킨다.
4. 틀에 맞게 성형한다.
5. 2차 발효는 28℃, 습도 80%에서 약 50분
6. 계란물을 바른다.
7. 180℃ 오븐에서 50~60분 굽는다.
8. 브리오슈 위면에 버터를 바른다.

1 밀가루에 소금, 이스트, 설탕 ⅓을 넣고 반죽한다.

2 계란과 우유를 섞어서 넣어준다.

3 반죽하여 글루텐을 만들어준다(약 3분 동안 반죽).

4 말랑해진 버터의 ⅓과 설탕 ⅓을 넣고 반죽한다(버터를 넣고 1단계 속도에서 반죽).

5 나머지 설탕을 넣어준다(설탕을 넣고 2단계 속도에서 반죽).

6 나머지 버터를 나누어 넣어주고, 모두 흡수할 때까지 반죽한다(2단계 속도에서 약 7분 반죽).

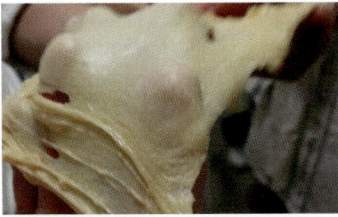

7 글루텐이 형성되면 얇은 막이 형성되어 마무리한다.

8 최종 반죽 온도를 확인한다.

♦ 발효 시 주의사항으로 버터가 들어간 반죽은 2차 발효 온도 28℃, 습도 80%, 브리오슈 반죽은 영하 -5℃일 때 2주~1달간까지 보관 가능하다.

레이즌 브레드

건포도 식빵으로 식빵 재료와 비슷하다. 이번에는 우유가 많이 들어간 밀크빵 반죽을 사용해서 만들었다. 담백하면서 부드러운 질감으로 토스트하여 식사용, 간식용으로 좋고, 건포도 이외에 다양한 토핑을 넣어서 만들어도 맛있다.

재료 소개

- 강력분 … 1kg, 우유 … 480g, 계란 … 120g
- 소금 … 20g, 설탕 … 120g, 버터 … 120g
- 드라이 이스트(골드 샤프 인스턴트) … 20g
  (또는 생이스트 30g), 건포도 … 150g

만드는 법

1 우유를 냄비에 넣고 데운다.

2 데운 우유는 25~28°C까지 충분히 식혀서 준비한다.

3 버터를 제외한 모든 재료를 넣어준다.

4 글루텐이 형성될 때까지 반죽한다.

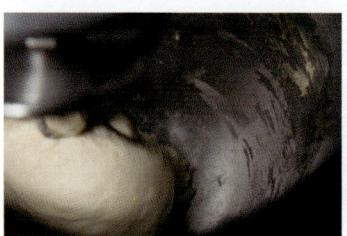

5 말랑말랑 상태의 버터를 준비한다.

6 조금씩 버터를 나누어 넣고, 모든 버터가 충분히 흡수될 때까지 반죽한다.

7 건포도를 넣고 반죽한다.

8 최종 반죽 온도 25°C

반죽하기

1. 1차 발효는 30℃, 습도 80%, 약 60분
2. 분할한다.
3. 분할한 반죽은 둥글리기하여 20분간 휴지시킨다.
4. 틀에 맞게 성형한다.
5. 2차 발효는 28℃, 습도 80%, 약 60분
6. 계란물을 바른다.
7. 180℃ 오븐에서 40~50분 굽는다.
8. 윗면에 버터를 바른다.

성형하기

1 가스를 빼주고, 위쪽에서 ⅔ 지점으로 내려서 접어준다.

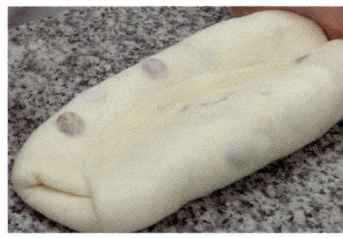

2 반대편도 같은 방법으로 ⅔ 지점까지 접어준다.

3 위에서 아래로 3번 접어준다.

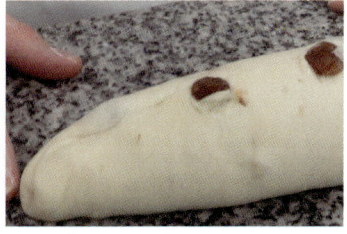

4 마지막을 잘 매듭해서 벌어지지 않게 한다.

5 매듭 부분이 틀의 아래에 놓이도록 넣어준다.

이스트 도우

사전 반죽에는 여러 종류가 있다. 이스트 도우는 그 중에 하나로 묵은 반죽이라고도 한다. 하루 전날 발효하여 만든 반죽으로, 글루텐이 형성되어 있다. 따라서 이스트 도우를 사용하면 글루텐이 추가되어 반죽 시간이 단축되고 맛과 풍기가 깊어진다. 뿐만 아니라 효모의 활성화를 돕기 때문에 발효를 용이하게 만들어 준다.

재료 소개

- 밀가루 … 50g, 소금 … 1g
- 생이스트 … 1g, 물 … 32g

만드는 법

1 밀가루를 원형으로 만들고, 안쪽에 소금과 생 이스트를 분리하여 놓는다.

2 테두리 안에 물을 넣는다.

3 밀가루와 물을 조금씩 섞어서 반죽한다.

4 한 덩어리로 만들어준다.

5 글루텐이 형성될 때까지 치댄다.

6 26~27℃에서 약 1시간 발효한다 (하루 전날 만들어 냉장고에 보관).

손으로 반죽하기(하드 계열 빵)

1 밀가루를 넣는다.

2 밀가루를 댐처럼 만들어 안쪽에 이스트, 설탕, 소금을 넣는다.

3 중앙에 물을 부어준다.

4 부어준 물에 이스트, 설탕, 소금을 용해시킨다.

5 용해된 물에 밀가루를 조금씩 섞어준다.

6 풀어주듯이 두 개의 손가락을 사용하여 섞어준다.

7 물이 보이지 않고 반죽이 흘려내리지 않을 때까지 섞어준다.

8 밀가루가 보이지 않게 뭉쳐준다.

9 전체 반죽을 덩어리로 만들어준다.

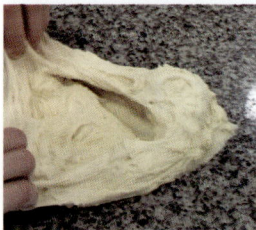

10 반죽의 양 끝을 잡고 바닥을 쳐주면서 치대어준다.

11 반복적으로 글루텐 형성을 위해 반죽을 쳐준다.

 손으로 반죽하기(소프트 계열 빵)

1 밀가루를 원형으로 만들고, 중앙에 홈을 만들어 준다.

2 중앙에 버터를 제외한 모든 재료를 넣고 물을 넣어준다.

3 계란을 넣어준다.

4 중앙에서 바깥으로 나가면서 액체와 밀가루를 섞어준다.

5 액체와 밀가루를 섞어서 흘러내리지 않는 반죽을 만든다.

6 이후 스크래퍼를 사용하여 섞어준다.

7 남은 밀가루를 전부 섞어준다.

8 한 덩어리로 뭉쳐주고 반죽을 치댄다.

9 글루텐이 형성되면 반죽 중간을 잘라준다.

10 반죽을 치대며 글루텐을 만들어준다.

11 버터를 넣는다.

12 버터와 반죽이 섞이도록 만들어준다.

13 버터가 반죽에 완전히 흡수될 때까지 반죽을 치댄다.

14 탄력성이 생기면 볼을 만들어준다.

하몽 브레드

하몽을 넣어서 만든 빵으로, 감칠맛과 짭쪼름한 맛이 있어 레드 와인과 잘 어울린다.

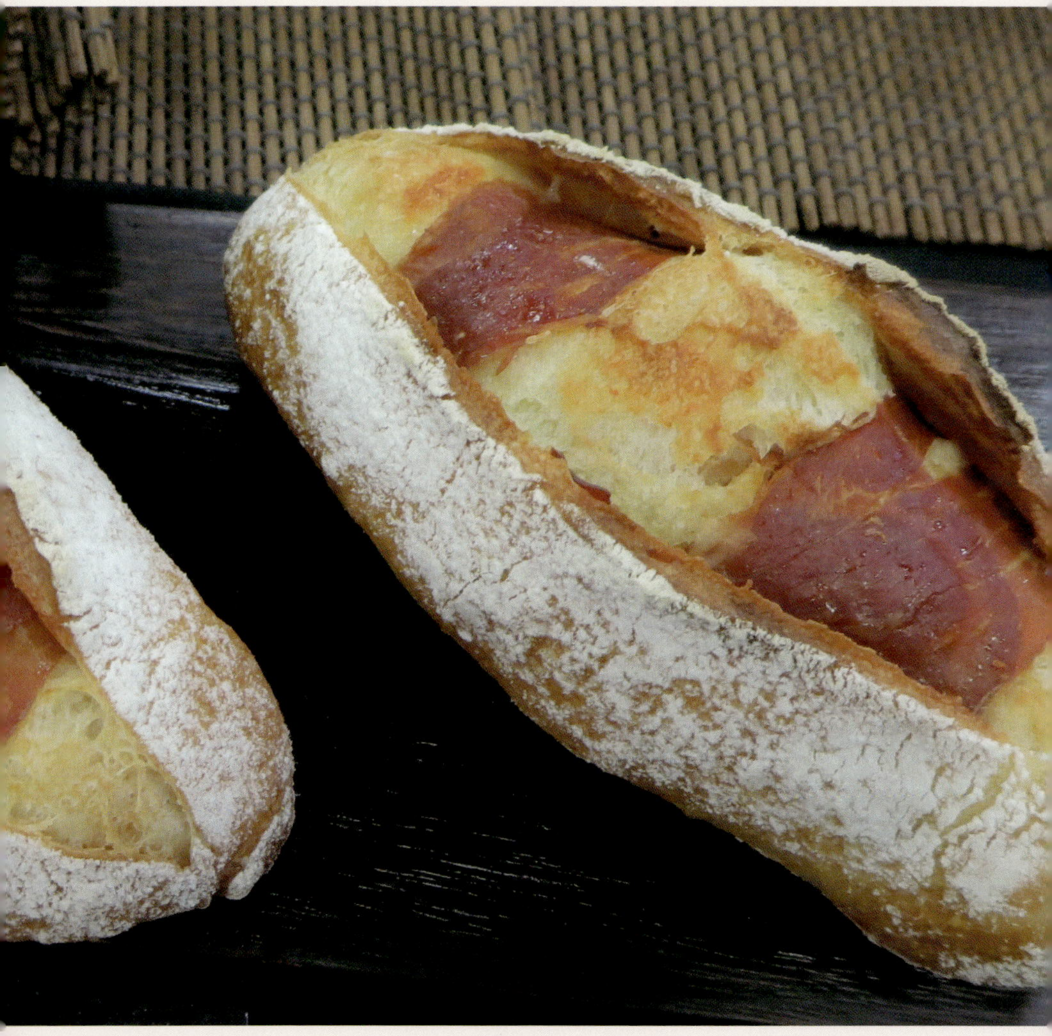

재료 소개

- **사전 반죽** : 강력분 … 60g, 물 … 100g, 생이스트 … 5g
- **본 반죽** : 강력분 … 250g, 옥수수 가루 … 110g, 물 … 220g, 소금 … 7g, 생이스트 … 2g
- **부 재료** : 슬라이스 하몽 … 6조각

반죽하기

1. 사전 반죽 재료를 모두 넣고 섞어서 반죽한다. 발효실에서 26℃, 약 50분 진행한다.
2. 사전 반죽을 본 반죽에 넣어서 모두 섞어준다. 반죽하여 글루텐을 형성한다.
3. 1차 발효실 26℃, 약 50분 진행한다.

만드는 법

1 1차 발효된 반죽을 분할하여 둥글리기 및 휴지를 시킨다.

2 ①번의 반죽을 하몽 사이즈에 맞게 넓게 펴준다.

3 반죽 위에 하몽을 얹어준다.

4 ⅓ 부분을 접어서 ⅔ 지점 아래로 접어준다.

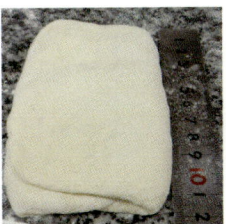

5 나머지 부분을 접어준다.

6 끝 부분을 접어준다.

7 1단 접기를 한다.

  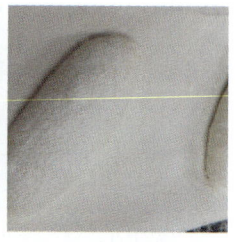

8 2단 접기를 한다.

9 3단 접기를 한 후에 매듭을 짓는다.

10 발효실에서 26℃, 약 50분 진행한다.

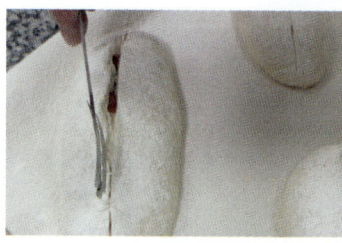 

11 위에 밀가루를 뿌려주고, 중간을 그어준다.

12 220~225℃ 데크 오븐에서 스팀을 주고 약 18분 베이킹한다.

13 레드 와인과 잘 어울리며, 샌드위치 용으로 좋다.

2. 마카롱과 마들렌의 유래

1. 마카롱

🟢 마카롱의 의미

머랭을 주재료로 하고 달걀 흰자위, 백설탕, 아몬드 가루 등으로 만든 작은 샌드위치 과자이다. 겉은 바삭하고 부드러운 껍질로 된 위·아래 부위로 샌드위치 되어 있으며, 중간에는 부드러운 버터 크림, 잼, 가나슈를 채워서 만든다.

🟢 마카롱의 지역 별명

유럽에서 마카롱이 처음 등장한 것은 중세시대이다. 당시에는 아몬드, 달걀 흰자, 설탕으로 만든 작은 과자로 겉은 바삭하고 속은 부드러웠다. 프랑스 파리지엥은 제르베르(Gerber)라 부르고, 룩셈부르크와 독일어를 이용하는 일부 지역에서는 룩셈부르게를리(Luxemburgerli)라 한다.

마카롱 단어는 Maccare(마카레)와 Amaccare(아마카레)에서 마카롱이라는 단어가 유래했다고 하는데, 이는 '섞다', '갈다'라는 뜻을 가지고 있으며, 아몬드를 갈아서 만든 아몬드 페이스트를 사용한 것으로 알려져 있기도 하다. 13세기경 이탈리아 베니스의 마카로네(Maccherone)라고 불리는 아몬드 과자에서 유래하여 지금의 마카롱이 되었다고 전해진다.

마카롱의 역사

마카롱은 8세기로 거슬러 올라가는 이탈리아 기원으로 전해진다. 1453년부터 이탈리아 요리에 본격적으로 아몬드가 사용되기 시작하면서, 1500년 마카롱의 주 재료인 아몬드 페이스트가 이탈리아에서 개발되었다. 16세기경 이탈리아 메디치 가문의 카트린이 프랑스 왕인 앙리 2세와 결혼하면서 메디치 가문에서 일하던 많은 요리 기술자들을 프랑스로 데리고 갔다. 요리사들이 카트린의 아버지가 소개한 아몬드 페이스트로 새로운 요리를 개발하였는데, 이것이 마카롱의 탄생으로 알려져 있다. 당시 귀족과 상류층에서 즐기던 과자였다. 마카롱은 바로 대중화되지 않고 수녀원에서 만들어졌다. 1792년, 마카롱 자매로 알려지게 된 당시의 카르멜회 수녀 두명이 프랑스 혁명 동안에 과자를 구워서 팔았다고 전해진다. 이후 프랑스 각 지방으로 퍼져나가 지방마다 독특한 마카롱의 맛을 갖게 되었다.

처음 고안된 마카롱은 다양하지 않은 색깔에 한 겹으로 만들어지던 과자였다. 이후 20세기 초반 프랑스의 귀족 요리사이며 루이 에르네 라뒤레(Louis Ernest Ladurée)의 손자인 피에르가 초콜릿 파나체로 마카롱 두 개를 붙여 만들었으며, 이것이 현재 알려진 두 겹으로 이루어진 마카롱의 시초가 되었다.
이후 마카롱의 종류가 다양해지면서 색깔과 맛의 종류가 증가하기 시작하였고 초콜렛 가나슈, 솔티드 캐러멜, 피스타치오, 오렌지 블라썸, 라즈베리와 같은 다양한 종류의 마카롱이 만들어지고 있다.

🍔 머랭의 종류

마카롱은 머랭이라고 하는 달걀 흰자 거품을 이용해서 만든다.

1 이탈리안 머랭

설탕을 시럽으로 만들어 반죽에 섞기 때문에 겉이 매끈하고 쫀득한 식감이 특징이다.

① 흰자로 머랭을 만든다.
② 냄비에 물과 설탕을 넣어 118℃까지 끓여 시럽을 만든다.
③ 시럽 온도가 114℃가 될 때 머랭을 휘핑하기 시작한다.
④ 시럽이 118℃가 되면 머랭에 끓인 시럽을 졸졸 부으며 고속으로 휘핑한다.
⑤ 중속으로 낮춰 내부 온도가 50℃가 될 때까지 휘핑한다.

2 프렌치 머랭

설탕 알갱이 자체를 반죽에 섞어 표면은 거칠지만 바삭한 식감을 살릴 수 있는 것이 특징이다.

① 흰자가 카푸치노 거품이 되었을 때, 1/3 설탕을 넣고 휘핑한다.
② 1/3 설탕을 넣으면서 휘핑한다.
③ 나머지 1/3 설탕을 넣고, 뿔 모양이 될 때까지 휘핑한다.
④ 저속으로 40초 정도 휘핑하며 기포를 정리한다.

🍔 마카로나쥬(Macaronage)

머랭의 기포가 꺼지지 않도록, 최대한 빠르고 가볍게 저어서 반죽을 완성시킨다.

크루타쥬(Croûtage)

① 짤주머니에 반죽을 넣고 원하는 크기로 둥근 모양으로 꼬끄를 짜준다.
② 표면이 마를 때까지 약 15~30분 동안 건조시키면 크러스트가 형성된다. 이 때 손가락을 살짝 표면에 접촉하여 반죽이 묻어 나오지 않아야 한다.
③ 오븐에서 150~160°C로 12분 베이킹한다.

뚱카롱

뚱뚱한 마카롱을 줄인 신조어로 마카롱 껍질 사이에 필링을 가득 채워 넣은 형태이다. 보통 마카롱은 꼬끄와 필링의 높이가 1:1 정도의 비율로 납작한 반면에 뚱카롱은 필링을 많이 채워 넣어 훨씬 두껍다.

2. 마들렌

마들렌의 의미

프랑스어 Madeleine 또는 Petite madeleine으로, 프랑스 북동부 로렌 지역의 뫼즈주 코메르시(Commercy)라는 곳에서 유래한 전통적인 과자이다. 조개(가리비) 모양으로 된 작은 케이크로 카스텔라와 같은 폭신하고 부드러운 빵 맛이 느껴지고, 버터와 레몬 맛이 함께 느껴진다(출처 : 위키백과).

마들렌의 기원

마들렌은 19세기부터 빵 과자로 소개됐으며 음식 요리의 이름이 구전된 것으로 전해진다. 그 유래를 살펴보면, 1755년 루이 15세가 로렌을 방문했을 때 마들렌을 처음 맛보고 매우 반하였다. 그래서 그는 아내 마리에게 맛을 보여 주었고, 마리는 그것들을 프랑스 궁정에 소개했다는 설이 있다. 또 다른 설은 Lorraine의 Commercy 마을은 마들렌과 매우 밀접한 관련이 있으며, 1700년 대에 마들렌이 이곳에서 처음 등장했다는 전설이 있다. Madeleine이라는 어린 소녀가 Lorraine 공작 스테인슬로 리스친스키(Stanislas Leszczyński)의 제빵사로 일했으며, 그녀의 이름을 붙였다는 설이 있다.

마들렌 만들 때 주의사항

마들렌은 버터가 많이 들어간 부드러운 질감 때문에 프렌치 버터 케이크라고 부르기도 한다. 마들렌을 만들 때 스펀지 같은 반죽을 사용한다. 일반 스펀지와 제누아즈의 차이점은 따뜻하게 녹인 버터를 넣는다는 것이다. 마들렌에 녹인 버터는 따뜻해야 하므로 일단 반죽에 넣으면 굳지 않아 줄무늬가 생긴다. 특히 마들렌 특유의 배꼽이 나오려면, 반죽은 사용하기 전에 최소 1~2시간 냉장고에서 보관하여 휴지시켜야 한다. 버터를 넣고 반죽 후 바로 구우면 배꼽이 나오지 않는다. 마들렌을 구울 때 틀에 부드러운 버터와 밀가루 가루로 충분히 발라 주어야 구운 후 떼어 내기 쉽다.

📋 재료 소개

- 계란 … 80g, 설탕 … 65g
- 꿀 … 15g, 우유 … 30㎖, 버터 … 100g
- 밀가루 … 100g, 베이킹 파우더 … 5g
- 바닐라 액스트랙 … 1g, 바닐라 빈 … 1개, 레몬즙 … 1방울

만드는 법

1. 냄비에 버터 넣고 녹여서 준비한다.
2. 볼에 설탕과 계란을 넣고 휘퍼로 잘 섞어준다.
3. 녹인 버터에 우유와 꿀, 바닐라 액스트랙, 바닐라 빈을 넣어서 섞어준다.
4. 밀가루와 베이킹 파우더를 채친다.
5. ②번에 ④번을 넣고 가볍게 섞는다.
6. ③번을 ⑤번에 넣고 가볍게 섞는다.
7. 레몬즙을 넣는다.
8. 반죽을 냉장고에 1~2시간 차갑게 보관한다.
9. 마들렌 틀에 버터를 바르고 밀가루를 골고루 묻힌다.
10. 짤주머니에 마들렌 반죽을 넣는다.
11. 틀에 짜준다.
12. 오븐 170℃에서 약 10~15분 굽는다.

---

3. 마카롱과 마들렌 페어링

🟢 마카롱과 어울리는 커피

- **너무 강하지 않은 과일 풍미의 중강배전 커피** : 깔끔한 신맛 때문에 달콤한 디저트에 신선함이 더해져서 디저트 맛이 더욱 살아난다.

- **디저트의 강한 단맛을 잡아줄 수 있는 강배전 커피** : 강배전으로 로스팅해서 디저트를 산뜻하게 먹을 수 있게 즐긴다.

🍪 마들렌과 어울리는 커피

- **복합적이고 부드러운 신맛의 커피** : 깔끔한 신맛이 섬세한 마들렌의 꿀과 조화를 이룬다.
- **약배전 로스팅 커피** : 일반적으로 색이 연하고 충전물이 없는 마들렌 디저트는 로스팅 단계가 높은 커피와 매칭시키면 커피가 강하게 느껴지지 때문에 약배전 커피와 잘 어울린다.

3. 제빵의 이해

1. 제빵의 이해

🍪 베이킹의 단계

① 버터를 제외한 모든 재료를 넣고 클린업 단계까지 믹싱 후 버터를 2번 나누어 넣는다.

② 반죽 온도는 26℃에 맞춘다.

③ 1차 발효

④ 분할 – 둥글리기 – 중간 발효

⑤ 성형

⑥ 2차 발효

⑦ 굽기

🍪 반죽

재료 사용시 소금과 이스트는 상극이기 때문에 가까이 넣지 않는다. 버터와 같은 유지류는 글루텐이 형성된 후 마지막에 넣어준다.

사전 반죽으로 오토리즈(Autolyse : 자기 분해)가 있다. 제빵 반죽법의 일종으로 밀가루와 물만 넣고 먼저 반죽을 하는데 약 4~5분 정도 치댄 후 20~60분간 휴지시킨다. 밀가루는 글루텐을 활성화하고 프로테아제를 활성화시키는 성질을 가지고 있다.

밀가루 속에 있는 효소가 전분과 단백질을 분해시키는데, 이때 전분은 설탕으로 변하고, 단백질 성분은 글루텐으로 재결성된다. 프로테아제라는 단백질 분해 효소가 글루텐이 단단해지는 것을 최소화하여, 글루텐 조직을 부드럽게 해 본 반죽의 신장성을 증대시키는 역할을 한다.

반죽 온도 계산

반죽 온도를 결정하는 요소는 반죽 물(액체)의 온도이다. 반죽 온도가 기준보다 낮으면 발효 시간이 길어진다. 반죽 온도가 낮은데도 레시피의 발효 시간대로 진행한다면 발효가 덜 되어서 제대로 빵이 나오지 않을 수 있다. 반죽 온도가 너무 높다면 발효가 빨리 진행되기 때문에 과발효가 될 수 있기 때문에 주의한다.

1차 발효

효모가 당을 먹고 가스를 발생할 때 생성된 가스는 반죽 안에 머물러서 반죽이 부풀어 오르게 만든다. 반죽이 충분히 부풀지 않으면 그만큼 밀도가 높아지고 덜 부드럽다. 충분히 생성된 가스로 부풀게 되면 반죽이 부드러워진다. 이것을 발효라 하며 빵의 핵심이다. 발효를 잘 관리해야 빵의 완성도가 높아진다. 이때 발효실의 온도, 습도를 조절하여 반죽의 상태를 관찰해야 한다. 왜냐하면 발효는 효모라는 미생물에 의해서 이루어지고 이러한 미생물의 활동은 환경에 영향을 받기 때문이다.

온도는 27~28℃, 습도 75~80%, 반죽의 부피가 2배가 될 때까지 한다.

● 분할과 둥글리기

일정한 중량으로 분할하여, 둥글리기를 한다. 이후 실온에서 약 20~30분 휴지를 시키는데, 이때 반죽이 건조하지 않게 덮어준다.

● 성형

반죽을 밀어서 내부의 남아있는 가스를 제거해 준다. 이후 둥글게 밀어 말아서 준비한 틀에 넣어 준다. 또는 원하는 모양으로 성형하여 팬닝한다.

● 2차 발효

성형된 반죽을 더 부드럽고 유연한 빵결로 만들기 위해 2차 발효를 한다. 성형을 마친 반죽을 팬닝해 온도와 습도를 맞추어 발효한다. 2차 발효를 하면 가스가 포집되어 반죽의 신장성과 탄력성을 높이고 오븐 스프링이 잘 일어난다. 온도는 30℃, 습도는 80%, 반죽이 완제품의 70~80%까지 부풀어 오르고, 손으로 반죽을 눌렀을 때 탄력이 느껴질 정도까지 발효시킨다.

● 굽기

오븐에 들어가지 직전에 반죽의 표면에 계란물 또는 우유를 바르는데 이는 제품의 색상을 좋게 만들어주기 위함이다. 바게트나 하드 계열의 빵들은 스팀을 주어 빵 껍질을 크리스피하게 만들어 준다. 오븐의 온도는 오븐의 사양에 따라서 다르다. 사용 전 오븐 온도를 체크해야 한다.

2. 식빵

🔵 식빵 재료의 이해

일반적으로 유지방을 많이 사용한 식빵일수록 고소하고 풍미가 깊다. 우유는 고소하고 단맛을 주며, 구운 후 식빵에 갈색 빛을 띠게 한다. 버터는 지방의 진한 고소함을 더 해준다. 계란은 고소한 맛을 더하고 단백질을 보강해 준다.

밀가루는 부드러운 질감으로 결이 잘 찢어지고, 호밀은 산미가 있으면서 거친 질감을 가지고 있다. 통밀은 묵직하다. 쌀은 쫄깃하면서도 묵직한 질감을 가진다. 그래서 곡물을 사용할 때는 밀가루와 여러가지를 섞어서 입 안의 질감을 조절한다.

🔵 식빵의 제법

식빵의 식감에 영향을 주는 밀가루 반죽법으로 크게 3가지 방법이 있다.

- **탕종법** : 1998년 일본 시키시마 빵집에서 최초로 이론화한 제법이다. 끓는 물에 밀가루를 조금씩 푸는 것으로 익반죽을 뜻한다. 밀가루에 끓는 물을 넣어 치댄 익반죽을 일반 반죽에 섞어 주는 방식이다. 전분을 호화시켜 쫄깃한 식감과 부드러우며, 제품의 노화를 지연시킨다.
- **중종법** : 1950년대 미국에서 개발된 제법이다. 반죽의 일부를 먼저 발효 후 본 반죽과 섞는다. 빵의 볼륨감이 좋고 부드러운 식감과 노화가 느리며 2번 반죽을 한다. 물, 이스트, 밀가루만 넣은 사전 반죽을 만들어 충분히 발효시킨 후 나머지 부 재료를 본 반죽에 넣어 반죽하는 방식이다.
- **스트레이트법** : 모든 재료를 한꺼번에 넣고 믹싱하는 방법이다. 공정이 간단하고 발효 시간이 짧으며, 노화가 빠르다.

4. 커피와 디저트 페어링

커피 페어링은 어떤 디저트와 커피가 어울리는지 알아보는 과학적인 방법이다. 어떤 이유로 재료가 어울리는지 알기 위해서는 사람이 맛을 어떻게 인식하는지 이해해야 한다. 인간의 후각은 10,000가지의 냄새를 구분할 수 있다. 냄새는 향, 향기라고도 불리며 하나 이상의 분자로 구성되어 있다. 향은 휘발성이며 들이마시는 공기를 통해 감각 기관에 닿는데 코(비강)와 입(비후)을 통해 향을 맡을 수 있다.

향은 맛의 핵심 요소이고 페어링에서 매우 중요하다. 1,000개 이상의 향을 가진 커피는 풍부한 로스트 향을 가지고 있다. 또한 커피는 플랫 화이트, 더블 에스프레소, 싱글 오리진 커피 등 많은 형태가 존재한다. 따라서 커피 페어링에는 디저트뿐만 아니라 다양한 음식과 페어링이 가능하다. 짠맛과 탄수화물이 조화를 이루는 아메리칸 브렉퍼스트(American breakfast)는 계란, 베이컨, 토스트, 해시 브라운 등으로 이루어져 있으며, 주로 커피를 곁들어 마신다. 이처럼 커피를 항상 단 음식과만 마시는 것은 아니다.

1. 기본 매칭 방법

● 공통된 맛·향·강도로 매칭

디저트의 맛이 밸런스를 이룬다. 예를 들어 딸기 타르트는 신맛의 라이트 로스팅 커피와 매칭하면 딸기의 신선하고 섬세한 새콤달콤한 맛을 살려준다.

● 디저트에 없는 요소를 지닌 커피를 매칭

정반대의 재료 역시 서로를 보완할 수 있다. 예를 들어 아프리카산 커피와 같이

산뜻한 산미와 베리향이 나는 커피와 초콜
릿 케익 등의 고급스러운 디저트는 밸런스
가 이루어져 좋은 페어링이 될 수 있다.
또는 아몬드의 풍미가 풍부한 피낭시에 디
저트와 풀시티 로스팅 커피 중 감칠맛이 있
는 쓴맛의 커피를 매칭하면 맛을 더해 준다.
식감과 캐러멜 풍미를 즐길 수 있는 피티비에 디저트는 깔끔한 쓴맛의 커피와 매
칭하여 피티비에만의 고소한 맛을 느끼게 한다.

색깔 톤에 맞게 매칭

전체적인 방향성을 결정하는데 필요하다. 예를 들어 색깔이 연한 디저트인 마들
렌, 피낭시에는 엷은 색의 라이트 로스팅 커피를 매칭하고 초코렛의 중후한 색깔
을 띤 오페라와 같은 초콜릿 케이크는 다크 로스팅 커피를 매칭한다.

2. 커피 페어링의 고려사항

커피는 비슷한 맛을 내는 다양한 디저트와 함께 조합할 수 있고, 공통점을 강조
하거나 대치점을 만들어서 페어링을 하기도 한다. 또한 정반대의 재료 역시 서로
를 보완할 수 있다.

커피의 플레이버를 바꾸는 전통적인 방법은 우유를 첨가하는 것이다. 우유는 커
피의 산미와 쓴맛을 중화시킬 수 있고, 커피의 초콜릿 향을 향상시키기 때문에
우유 베이스의 커피와 밀크 초콜릿을 함께 페어링하여 이를 극대화할 수 있다.

🍎 애플파이와 어울리는 커피는 두 가지 선택이 가능

1 바디감이 좋은 커피가 잘 어울린다

볼륨감이 있는 디저트로 디저트의 계피 향신료, 캐러멜, 사과 등의 요소와 밸런스를 이루는 중배전 커피가 좋다. 깔끔한 신맛이 상승 작용으로 애플파이와 조화를 이룬다.

캐러멜, 바닐라 등의 단맛이 있는 커피, 강배전의 스파이시하고 쓴맛과 바디감이 지나치지 않는 커피가 파이와 잘 어울린다.

2 신맛의 균형이 있는 중배전 커피가 좋다

커피의 신맛과 사과의 신맛이 만나 부드럽게 마실 수 있다. 쓴맛은 디저트의 신맛을 강조한다. 사과는 굽는 동안 캐러멜화가 되기 때문에 쓴맛의 풍미는 배제해도 좋다.

카페라떼처럼 우유를 넣은 부드러운 맛은 배제하면 좋다.

3. 로스팅 단계별 디저트와의 궁합

커피의 로스팅 배전도에 따라서 맛을 분류한다. 로스팅이 약하면 신맛이 강하다. 로스팅이 진행되면 신맛과 단맛이 밸런스를 이룬다. 로스팅이 더 진행되면 쓴맛이 강해진다.

4. 디저트 페어링

🟢 블루 마운틴 커피와 어울리는 디저트

- 신선한 과일의 신맛과 단맛
- 열을 가하지 않은 섬세한 버터향
- 전체적으로 연한 색깔
- 추천 디저트 : 딸기 타르트, 마들렌, 크로아상, 레몬 타르트

▲ 오렌지 무스

🟢 예멘 모카 마타리, 파나마 게이샤 내추럴와 어울리는 디저트

- 살짝 가열해서 돋보이는 과일의 신맛과 단맛
- 살짝 가열한 버터향, 메이플 시럽 같은 달콤한 향
- 추천 디저트 : 헤즐넛 샤블레, 애플파이, 브리오슈, 타르트 오 푸와르, 피낭시에, 다쿠아즈, 구겔호프, 팔미에

▲ 팔미에

🟢 하와이안 코나 엑스트라 팬시, 수마트라 만델링, 콜롬비아 수프리모와 어울리는 디저트

- 버터, 달걀을 기본으로 한 정통 디저트
- 견과류, 말린 과일, 초콜릿 등이 조합을 이룬 디저트
- 고소한 달콤함이 있는 디저트
- 추천 디저트 : 치즈 케이크, 후르츠 파운드 케이크, 밀푀유, 쇼트 케이크, 피티비에, 까늘레, 슈톨렌

▲ 밀푀유

🔵 페루, 케냐 AA와 어울리는 디저트

- 초콜릿이 주재료, 강한 캐러멜 향 또는 고소한 견과류 향
- **추천 디저트** : 몽블랑, 오페라, 브라우니, 파리 브레스트, 쇼콜라 케이크

▲ 파리 브레스트

5. 커피 페어링

🔵 과일

블루베리, 딸기, 라즈베리 등 베리류는 대체로 케냐, 에티오피아, 우간다, 자메이카, 예멘의 커피와 잘 어울린다.

복숭아, 자두, 건포도, 살구, 체리, 천도 복숭아와 그 외 시트러스 과일은 탄자니아, 우간다, 르완다, 온두라스, 볼리비아, 코스타리카의 커피와 잘 어울린다.

🔵 초콜릿

초콜릿은 브라질, 콜롬비아, 엘살바도르, 과테말라, 코나, 멕시코산 커피와 잘 어울린다.

초콜릿 디저트는 풀바디의 다크 로스트와 잘 어울리고, 가벼운 쿠키와 페이스트리는 라이트와 미디엄 로스트와 잘 어울리는 경향이 있다. 초코렛 디저트는 다크 커피가 잘 어울린다.

▲ 초코 케이크

🍪 시나몬 번

시나몬의 스파이시한 향으로 인해 시나몬 번은 부드럽고 거품이 많은 카푸치노와 함께 마시면 좋다.

▶ 시나몬 브레드

🍪 빵

빵은 커피와 잘 어울리고, 간단하면서도 맛있는 풍미를 제공한다. 통곡물 또는 밀 빵은 콜롬비아, 브라질, 페루의 커피와 함께 사용하면 풍미가 업그레이드 된다.

▶ 통밀빵

🍪 소금

소금은 커피의 풍미를 더하고 음료를 진하게 해주기 때문에 커피에 매우 이상적이다. 실제로 커피에 소금을 한 꼬집 넣어서 마시면 풍미가 좋아진다. 짠 음식을 먹을 때도 커피를 마시는 것은 서로 궁합이 잘 맞다. 솔티드 캐러멜, 솔티드 비스킷에도 동일하며, 이러한 디저트는 커피와 잘 어울린다. 짠 음식은 코스타리카 커피와 어울린다.

▲ 치즈와 토마토 핑거푸드

🍪 토스트

라이트 로스트에서 미디엄 로스트 커피와 잘 어울린다. 계란, 베이컨, 토스트, 팬케이크, 크레프는 미디엄 바디의 커피와 페어링한다.

▲ 크레프

● **유제품**

치즈, 버터, 크림은 수마트라, 자바, 인도, 코나, 파푸아뉴기니의 커피와 페어링할 수 있다.

◀ 수플레

● **매운 음식**

매운 음식을 먹으면서 커피 한 잔을 마셨을 때 커피의 맛이 더 진해진 것 같은 느낌이 든 적이 있을까? 사실 향신료는 원두의 강한 향을 끌어내어 커피의 풍미를 더해준다. 커피는 고추에 풍미를 더하여 미뢰를 자극하여 맛에 복잡성을 더한다. 코스타리카, 온두라스의 더치 커피 및 시원한 커피가 잘 어울린다.

6. 결론

산미, 브루잉 방식, 추출 시간, 커피 재배 지역 등 많은 요건이 커피 페어링에 영향을 줄 수 있다. 위에 나열한 모든 것이 커피의 풍미를 바꿀 수 있지만 세부적인 내용에는 너무 신경 쓸 필요 없다. 좋은 방법은 처음에는 커피의 주된 풍미에 먼저 주목하는 것이다.

그 후 로스팅 방법과 커피 풍미에 영향을 주는 다른 변수를 가지고 매칭하여 실험해 볼 수 있다. 이렇게 하면 어떤 변수가 어떤 풍미를 만드는지 경험할 수 있다. 마지막 단계에서 커피를 특정 디저트와 페어링 할 수 있다. 무엇보다 커피 페어링은 본인의 기호에 충실한 것이 중요하다.

엄경자

보르도 CAFA 소믈리에 학교 한국인 1호 졸업생. 그리고 대한민국 여성 1호 소믈리에.
보르도 대학의 DUAD 양조감별 과정을 마치고, 미쉐린 3스타 조지 블랑(Georges Blanc) 레스토랑에서 소믈리에로 근무, 그랜드 인터컨티넨탈 서울 파르나스에서 수석 소믈리에를 역임했다.
박수칠 때 떠나 듯 돌연 정상의 자리에서 도쿄, 파리로 떠나더니 르코르동 블루(Le Cordon Blue) 도쿄에서 블랑제리(제빵) 디플로마, 르코르동 블루(Le Cordon Blue) 파리에서 파티세리(디저트) 디플로마를 받았다.
이후 도쿄 에스프리 드 비고(Esprit de Bigots)에서 수련을 거친 후 돌아와 자신의 이름을 건 〈브레드 숍 코린〉에서 빵과 커피를 선보였다. 현재 세종사이버대학교 바리스타·소믈리에학과 교수로 후학을 양성하고 있다.
저서로는 '세계 57개 도시를 따라 떠난 소믈리에 엄경자의 와인노트'(사람이음), '와인 입문자를 위한 WINE BOOK'(아티오 출판사) 등이 있다.

맛있는 커피와 카페 디저트

2023년 8월 20일 초판 인쇄
2023년 8월 30일 초판 발행

펴낸이	김정철
펴낸곳	아티오
지은이	엄경자
사 진	최주연
마케팅	강원경
표 지	김지영
편 집	이효정
전 화	031-983-4092~3
팩 스	031-696-5780
등 록	2013년 2월 22일
정 가	18,000원
주 소	경기도 고양시 일산동구 호수로 336 (브라운스톤, 백석동)
홈페이지	http://www.atio.co.kr

* 아티오는 Art Studio의 줄임말로 혼을 깃들인 예술적인 감각으로 도서를 만들어 독자에게 최상의 지식을 전달해 드리고자 하는 마음을 담고 있습니다.

* 잘못된 책은 구입처에서 교환하여 드립니다.
* 이 책의 저작권은 저자에게, 출판권은 아티오에 있으므로 허락없이 복사하거나 다른 매체에 옮겨 실을 수 없습니다.

* 이 책은 세종사이버대학교의 출판 지원사업으로 제작되었습니다.